스포츠와 인권[유소년부터 장애인까지]

(Sports and Human Rights: From Youth to Disability)

백형진
김소정
김나영
이광준

스포츠와 인권[유소년부터 장애인까지]

(Sports and Human Rights: From Youth to Disability)

스포츠와 인권

발 행 | 2025년 06월 23일
저 자 | 백형진, 김소정, 김나영, 이광준
펴낸곳 | 예방의학사
문의처 | 010-4439-3169
이메일 | prehabex@naver.com
주 소 | 서울특별시 송파구 석촌동 150-3 B1
전 화 | 010-4439-3169
가 격 | 30,000

ISBN | 979-11-89807-56-6(93690)

*이 책은 저작권법에 의해 보호를 받는 저작물이므로 동영상 제작 및 무단전제와 복제를 금한다.
(*잘못된 책은 구입하신 서점에서 교환해 드립니다.)

저자 소개

백형진(Ph.D 통합의학박사, DO, DN)

現. 헬스케어 웨이브 대표 & 비엠코퍼레이션 이사
現. 가천대학교 특수치료대학원 운동치료학과 겸임교수
現. 서울시보디빌딩협회 스포츠 공정위원
現. 스포츠안전재단 강사, 대한체육회 진로지원센터 멘토
現. 스포츠윤리 지도자 자격보유
대경북스 - 스포츠윤리 파트 연구진

김소정(Ph.D 체육학 박사)

現. 한국체육대학교 초빙교수
現. 한국체육철학회 사무국장
現. 스포츠윤리센터 스포츠윤리 전문강사
現. 한국체육학회 스포츠윤리위원
現. 한국도핑예방 보건의료 전문가
現. 서울특별시 루지경기연맹 스포츠공정위원회 위원

김나영

現. 국민대학교 체육학과 학술연구교수
現. 수원대학교 스포츠과학과 객원교수
現. 서울특별시 루지경기연맹 스포츠공정위원회 위원

이광준

Research Fellow, Harvard University Neurology.
Ph.D., Florida State University Biomedical Sciences.
MS, University of Texas at Austin, Kinesiology and Health Education.

스포츠와 인권

백형진
김소정
김나영
이광준
지음.

차례

프롤로그 - 나의 운동장은 열려 있었는가

Part 1. 스포츠와 인권, 그 이름을 부르다

제1장. 운동화 속 권리 - 스포츠에서 인권이 시작된다
1. '스포츠인권'이란 무엇인가 ·· 2
2. '깍두기'와 '왕따', 은밀한 폭력의 구조 ································· 3
3. 스포츠에 깃든 자유, 평등, 존엄의 가치 ······························· 4
4. 인권으로 다시 읽는 한국 스포츠사 ······································ 5

제2장. 공부하는 선수, 생각하는 경기자
1. 체육특기자라는 이름의 덫 ·· 6
2. 교육받을 권리, 배우지 못한 선수들 ···································· 7
3. 학습과 운동, 두 개의 삶을 사는 법 ···································· 8
4. "운동선수도 세상을 배워야 합니다" ··································· 9

제3장. 안전한 스포츠, 모두의 권리
1. 부상의 순간, 잃어버린 권리 ·· 10
2. 예방, 회복, 그리고 생각의 전환 ·· 11
3. 아이들이 다치지 않고 웃을 수 있는 운동장 ······················· 12
4. 쉬는 것도 훈련입니다 - 휴식권 이야기 ······························ 13

Part 2. 스포츠, 차별을 넘어서는 길

제4장. 몸에 새겨진 기억 - 폭력과의 거리두기
    1. 폭력은 경기력을 높이지 않는다 ·················· 15
    2. "시키는 대로만 해!"라는 문화의 뿌리 ·················· 16
    3. 반복되는 상처, 대물림의 고리 ·················· 17
    4. 선수의 뇌와 마음에 남는 상처 ·················· 18

제5장. 장애인과 함께 달리는 운동장
    1. '함께' 한다는 것의 진짜 의미 ·················· 20
    2. 정당한 편의라는 이름의 공정 ·················· 21
    3. 패럴림픽 너머, 일상 속 스포츠 ·················· 22
    4. 나와 당신 사이, 경계를 없애는 경기 ·················· 23

제6장. 스포츠에도 유리천장이 있나요?
    1. 여성이 뛰기엔 너무 좁은 필드 ·················· 24
    2. 성차별과 편견, 구조적 억압의 역사 ·················· 25
    3. 성평등한 스포츠를 향한 길 ·················· 26
    4. '있어도 되는 존재'가 되기까지 ·················· 27

Part 3. 연대와 평화의 경기장

제7장. 정정당당함, 공정의 기술
    1. 스포츠의 정의란 무엇인가 ·· 29
    2. 승패보다 중요한 '정정당당'의 미학 ·· 30
    3. 심판의 눈, 관중의 시선, 선수의 마음 ···································· 31
    4. 공정함을 실천하는 방식들 ·· 32

제8장. 운동부 학부모에게 전하는 편지
    1. "왜 우리 아이만 쉬어야 하나요?" ··· 33
    2. 과열된 경쟁, 사라지는 아이들 ·· 34
    3. 부모로서 할 수 있는 것, 해서는 안 될 것 ···························· 35
    4. 함께 키우는 운동문화 ·· 36

제9장. 아이들의 곁에 선 지도자
    1. 코치인가, 멘토인가 ·· 37
    2. 영화 속 명장면 속 지도자의 역할 ·· 38
    3. 훈육과 학대의 경계 ·· 39
    4. 인권 친화적 지도법과 해외 사례 ·· 40

제10장. 스포츠가 주는 마지막 선물 - 평화
    1. 스포츠로 갈등을 해결할 수 있을까 ·· 41
    2. 팀워크, 넘나듦, 포용이라는 키워드 ······································· 42
    3. 올림픽, 월드컵, 작은 지역 리그의 기적 ································ 43
    4. 스포츠 외교, 교육, 시민 사회를 연결하다 ···························· 44
    5. 평화를 향한 작은 공 하나 ·· 45

Part 4. 스포츠를 바꾸는 목소리들

제11장. 선수들이 직접 말하다: 현장 목소리로 본 스포츠 인권
    1. 침묵에서 말하기까지 ·· 47
    2. 이야기 하나 - 유도선수 지현(가명)의 고백 ················ 48
    3. 이야기 둘 - 장애인 펜싱선수 경호(가명)의 외침 ········ 49
    4. 이야기 셋 - 여성 배구선수 연수(가명)의 편지 ············ 50
    5. 선수들의 말, 구조를 흔들다 ····································· 51

제12장. 스포츠를 바꾼 사건들: 위기를 기회로 만든 변화
    1. 사건 하나 - 체조계 성폭력 고발, 그 이후 ················· 52
    2. 사건 둘 - 한국 유도계의 '침묵을 깬 고발' ················ 54
    3. 사건 셋 - 쇼트트랙 국가대표의 미투와 구조의 흔들림 ········ 55
    4. 사건 넷 - 국제 패럴림픽에서 촉발된 '정당한 편의' 논의 ········ 56
    5. 사건 다섯 - 일본 '블루카드 제도'의 확산 ················· 57
    6. 변화는 이어지고 있다 ·· 58

제13장. 전 세계는 지금: 스포츠 인권의 글로벌 흐름
    1. 인권 없는 스포츠는 지속될 수 없다 ························· 59
    2. 국제올림픽위원회(IOC)의 스포츠 인권 선언 ············ 60
    3. 유럽의 스포츠 인권 제도 - 실천적 접근의 모델 ········ 61
    4. 북미의 사례 - 교육 중심 구조 개편 ························ 62
    5. 아시아 국가들의 실천 - 느리지만 분명한 진보 ········· 63
    6. 한국의 현주소와 나아갈 길 ····································· 64
    7. 스포츠 인권의 미래는 어디로 향하는가 ··················· 65

Part 5. 스포츠 인권의 미래를 그리다

제14장. 지속가능한 스포츠 환경 만들기
   1. 환경 친화적인 스포츠 시설과 운영 ·················· 67
   2. 기후 변화와 스포츠의 관계 ·················· 69
   3. 지속가능성을 위한 국제적 노력 ·················· 70

Part 6. 독자의 참여를 이끄는 실천 가이드

제15장. 나의 스포츠 인권 실천 다이어리
   1. 일상에서 실천할 수 있는 스포츠 인권 활동 ·················· 72
   2. 개인별 목표 설정과 점검 방법 ·················· 74
   3. 작은 변화가 만드는 큰 영향 ·················· 75

제16장. 함께 만드는 인권 친화적 운동장
   1. 학교와 지역사회에서의 실천 사례 ·················· 76
   2. 프로그램 기획과 운영 방법 ·················· 78
   3. 공동체의 참여와 협력 방안 ·················· 79

에필로그 - 다시, 나의 운동장을 걷다 80
- "당신이 만드는 운동장은 어떤 모습인가요?"

부록 I. 스포츠와 인권, 함께 나누는 수업 81
- 스포츠인권 헌장: 스토리와 함께 읽는 조항 해설
- 스포츠인권 체크리스트 (학생용/학부모용/지도자용)

부록 II. 스포츠와 인권, 함께 나누는 수업 84
- 교사/지도자용 교육안 구성 예시 (체육 수업, 방과후 수업)
- 독서토론/에세이 주제 제안
- 학교 발표나 포스터 만들기 활동 아이디어
- '나만의 운동장 그리기' 프로젝트 소개

참고문헌 88

머리말

나의 운동장은 열려 있었는가: 한 사람의 기억에서 시작되는 이야기

"나는 운동장에서 외로웠다."

이 짧은 한 문장은 누군가의 유년기를, 청소년기를, 그리고 선수로서의 인생을 통째로 설명한다. 운동장을 뛰노는 아이들의 모습은 밝고 건강하게만 보이지만, 그 이면엔 말하지 못한 침묵과 눈물이 있다.

운동은 자유로워야 한다고 배웠다. 하지만 어느 순간부터 그 자유는 통제와 위계, 경쟁이라는 이름 아래 조금씩 사라졌다. 실력이라는 기준은 사람을 나누었고, 팀이라는 이름 아래 '깍두기'는 조용히 자리 잡았다. 외로움은 언제나 가장 작은 자리에 있었다. 가장 느린 아이, 가장 말이 없는 아이, 가장 늦게 배운 아이. 그들은 결국 운동장에서 점점 밀려났다.

나는 그들 중 한 명이었다. 공을 차는 것도, 팀을 꾸리는 것도 모두가 함께해야 할 놀이였지만, 어느 순간부터 그 공간은 '능력'과 '성과'에 의해 나뉘는 작은 사회가 되었다. 그리고 그 사회는 때로 어른들의 가치관을 그대로 닮아 있었다.

이 책은 그 '운동장'에 대해 이야기하려 한다. 유소년 선수부터 장애인, 여성, 다문화 배경의 아이들까지, 우리가 놓치고 있었던 이들의 권리와 목소리를 담아내고자 한다.

스포츠는 우리 모두의 것이어야 한다. 그 누구도 운동장에서 외로워서는 안 된다. 지금부터 우리가 묻고자 하는 질문은 이것이다.

"우리의 운동장은 과연 모두에게 열려 있었는가?"

저자 일동(백형진, 김소정, 김나영, 이광준)

1부. 스포츠와 인권, 그 이름을 부르다

제1장. 운동화 속 권리 - 스포츠에서 인권이 시작된다

1. '스포츠인권'이란 무엇인가

　스포츠인권은 스포츠에 참여하는 모든 사람이 기본적인 인권을 존중받으며, 차별과 폭력 없이 안전하고 공정하게 스포츠 활동을 누릴 수 있는 권리를 말한다. 이는 단순히 경기장에서의 안전을 넘어서, 선수의 자율성과 자기결정권, 교육받을 권리, 그리고 정신적·신체적 건강을 포함하는 광범위한 개념이다. 스포츠인권은 국제적으로는 UN 아동권리협약, 유럽 스포츠 헌장, IOC 윤리강령 등을 통해 보호되고 있으며, 한국에서도 문화체육관광부 및 대한체육회 등을 중심으로 점차 그 중요성이 강조되고 있다.

　스포츠인권은 단지 정형화된 제도나 규칙 속에서만 논의되어야 하는 주제가 아니다. 학교 운동장에서, 지역 사회 체육 활동에서, 그리고 취미로 참여하는 아마추어 스포츠 현장에서도 동등하게 고려되어야 한다. 특히 유소년 선수들의 경우, 아직 성장과 발달이 진행 중인 상태에서 스포츠 환경의 물리적, 정서적 요소가 인격 형성에 큰 영향을 미치므로, 인권 보호는 더욱 절실하다. 아이들이 자신의 의지로 참여하고, 존중받으며, 건강하게 성장할 수 있는 스포츠 환경은 단순한 이상이 아니라 사회가 보장해야 할 최소한의 기준이다.

　스포츠인권은 경기력 향상만을 위한 도구가 아니라, 사람답게 성장하고 살아가기 위한 필수 조건으로 인식되어야 한다. 이는 곧 스포츠가 단지 승패의 장이 아닌, 인간됨을 실현하고 공동체를 경험하는 교육적 공간이라는 것을 의미한다.

2. '깍두기'와 '왕따', 은밀한 폭력의 구조

운동부나 스포츠 팀 내에서는 종종 비공식적인 위계 문화가 존재한다. 이 중 '깍두기'라는 용어는 실력이 부족하거나 팀 내에서 비주류로 여겨지는 선수를 지칭하며, 이들은 경기에서 제외되거나 훈련에서 소외되는 등의 경험을 한다. 이는 단순한 장난이나 농담이 아닌, 구조화된 따돌림이자 심리적 폭력이다. 팀 훈련 중 무시당하거나, 경기 후 뒷정리를 도맡는 등 겉으로 드러나지 않는 차별은 쉽게 간과되기 쉽지만, 당사자에게는 장기적인 자존감 저하와 심리적 위축을 유발할 수 있다.

또한 '왕따'는 또래 간 관계에서의 고립을 의미하며, 스포츠라는 공동체 안에서도 발생한다. 성적이 좋지 않거나, 다른 지역에서 전학 온 선수, 특정 종교나 문화적 배경을 가진 선수들이 대상이 되기도 한다. 이 같은 은밀한 폭력은 공식적인 보고 없이 진행되며, 피해자는 침묵 속에서 운동장을 외면하게 된다. 특히 청소년기 선수들은 권위적인 지도자나 동료 사이에서 자신의 목소리를 내는 데 어려움을 겪으며, 피해 사실을 말하지 못한 채 방치되는 경우가 많다.

이러한 문화는 팀 내 성적 위주의 평가와 승리 중심주의, 지도자의 방관 등 다양한 원인에 의해 강화된다. 성적에 따라 대우가 달라지고, 성과가 곧 존재 가치를 결정하는 분위기 속에서, 비주류 선수는 쉽게 배제된다. 이는 결과적으로 팀 전체의 분위기를 해치고, 협력보다는 경쟁과 배제를 조장하는 악순환을 낳는다.

스포츠는 원래 협동과 공정성을 기초로 하지만, 현실은 그렇지 않은 경우가 많다. 따라서 스포츠인권의 핵심은 이 구조적인 문제를 인식하고 해체하는 데 있다. 지도자 교육, 선수 대상 인권교육, 구조적 감시와 개입이 병행되어야 하며, 피해를 호소할 수 있는 안전한 시스템의 마련 또한 필수적이다.

3. 스포츠에 깃든 자유, 평등, 존엄의 가치

스포츠는 인간의 기본권을 실현하는 중요한 수단이다. 모든 사람은 나이, 성별, 장애, 인종, 사회적 배경과 관계없이 스포츠를 누릴 자유가 있으며, 이는 곧 평등의 실현과 연결된다. 또한 스포츠는 자율적 참여와 자기표현을 가능케 하는 장으로, 개인의 존엄성과도 밀접하게 연관된다. 스포츠를 통해 자신을 표현하고, 성취감을 느끼며, 타인과의 협동을 경험하는 것은 인간으로서의 존엄을 실현하는 한 방식이다.

하지만 현실의 운동장은 종종 이러한 가치를 배제한다. 실력 중심의 선발제도, 성별에 따른 종목 차별, 장애인의 참여를 어렵게 만드는 물리적 환경 등은 자유와 평등을 침해하는 대표적인 사례다. 예를 들어, 여학생이 특정 종목에 참여할 수 없거나, 장애인이 체육시설에 접근할 수 없는 경우는 아직도 흔하다. 이는 단순한 시설의 문제가 아니라, 사회 전반의 인식과 가치체계의 문제이기도 하다.

이러한 문제를 개선하기 위해서는 제도적 장치뿐 아니라, 일상적인 감수성과 실천이 필요하다. 교사와 지도자의 언어, 팀 내 소통 방식, 규칙 설정의 공정성 등 작지만 구체적인 실천이야말로 자유와 평등을 구현하는 실질적인 출발점이다.

스포츠에 참여하는 모든 주체 - 선수, 지도자, 학부모, 행정가 - 는 자유, 평등, 존엄이라는 인권의 가치를 내면화하고, 이를 스포츠 현장에서 구체적으로 실현할 수 있어야 한다. 이는 단순히 이상적인 슬로건이 아니라, 스포츠가 본래 지닌 의미를 회복하기 위한 실질적인 접근이다. 교육현장에서는 이러한 가치들을 내재화한 체육교육 과정이 필요하며, 이를 위한 정책적 뒷받침과 교사 재교육도 병행되어야 한다.

4. 인권으로 다시 읽는 한국체육사

한국 스포츠의 발전은 국민의 열정과 희생 위에 세워졌다. 하지만 그 이면에는 인권 침해 사례들이 적지 않다. 엘리트 체육의 구조 속에서 학생선수는 성적과 승리에 종속되었고, 지도자의 폭력적 코칭 방식, 강압적 훈련, 체벌, 선수 생활 중단 강요 등 다양한 형태의 인권 침해가 발생했다. 이는 단순한 개인의 일탈이라기보다는 구조적·제도적 문제에서 비롯된 결과였다.

2000년대 이후 스포츠계 미투 운동과, 유소년 선수의 자살 사건, 여성 선수들의 성희롱 고발 등은 이러한 구조적 문제를 드러낸 대표적 사례다. 특히 고 최현숙 선수 사건은 체육계 전반에 걸쳐 깊은 성찰을 불러일으켰고, 이후 스포츠윤리센터가 설립되며, 신고 시스템과 인권 보호장치들이 마련되기 시작했다. 또한 2021년 제정된 스포츠 기본법은 스포츠 참여자의 권리 보장과 관련 기관의 의무를 명문화하며 중요한 전환점을 마련했다.

그러나 법률과 제도가 존재한다고 해서 현실이 곧바로 개선되는 것은 아니다. 여전히 운동부 내 체벌이나 정신적 압박은 암묵적으로 용인되기도 하며, 문제 제기 자체가 '팀워크 해치는 일'로 비난받는 문화가 존재한다. 따라서 인권으로 스포츠사를 읽는다는 것은 단지 과거를 비판하는 것이 아니라, 현재와 미래를 바꾸기 위한 출발점이 되어야 한다.

이제는 과거의 잘못을 반복하지 않기 위해, 스포츠사 또한 인권의 시선으로 다시 읽고 재해석해야 할 때다. 누구를 위해, 무엇을 위해 스포츠가 존재해야 하는지를 묻고, 그 답을 사회와 함께 찾아가야 한다. 스포츠는 경쟁의 장일 뿐 아니라 인격 형성의 장이어야 한다. 인권 없는 스포츠는 성장의 정당성을 잃게 되며, 지속 가능하지 않다.

이 책의 여정은 바로 이 질문에서 출발한다: 스포츠는 누구에게나 평등하게 열려 있는 공간인가? 그리고 우리는 그 권리를 누구에게, 어떤 방식으로 보장하고 있는가?

제2장. 공부하는 선수, 생각하는 경기자

1. 체육특기자라는 이름의 덫

체육특기자는 고등학교 및 대학교 입시에 있어 운동 실적을 바탕으로 입학이 가능하도록 마련된 제도이다. 이는 원래 스포츠 인재 양성과 엘리트 체육 활성화를 위한 긍정적 제도였으나, 현실에서는 다양한 문제를 드러내고 있다. 많은 체육특기자 학생들은 정규 교육과정을 온전히 이수하기 어렵고, 훈련과 대회 참여를 우선시하다 보니 수업 결손이 누적되는 구조 속에 놓이게 된다.

문제는 단지 학습 시간 부족에 그치지 않는다. 학교는 선수의 경기 성적을 중시하고, 지도자는 훈련 성과를 우선하며, 학부모는 진학을 기대한다. 이 삼각 구도 속에서 학생선수는 학습자로서의 정체성을 잃고, 단지 '경기 결과를 내야 하는 존재'로 인식된다. 결국 체육특기자라는 타이틀은 특정한 권리를 주는 것이 아니라, 더 큰 책임과 압박, 그리고 교육권 박탈이라는 역설을 낳는다.

2. 교육받을 권리, 배우지 못한 선수들

　모든 아동과 청소년은 교육을 받을 권리가 있다. 이는 헌법과 아동권리협약에서도 명시되어 있으며, 스포츠에 참여하는 학생선수 역시 예외가 될 수 없다. 하지만 현장에서는 선수들이 정규 수업을 제대로 듣지 못하고, 과제를 대리 제출하거나, 시험을 건너뛰는 일이 반복되고 있다.

　더 나아가 일부 학교는 선수에게 '최소한의 출석만 유지하면 된다'는 분위기를 조성하며, 학습은 생략해도 되는 부수적 활동으로 취급된다. 이 같은 구조는 선수의 전인적 발달을 저해할 뿐 아니라, 경기 성적이 나오지 않을 경우 심각한 정체성 상실로 이어지기도 한다. 선수생활이 끝나면 무엇을 해야 할지 모르는 상태로 사회에 나오는 것이다.

　또한, 학습권 박탈은 단순히 개인 차원의 문제가 아니라, 평등한 교육 기회라는 공교육의 근간을 흔드는 사안이다. 체육활동과 학습이 공존할 수 없는 구조는 결국 운동선수에 대한 사회적 편견으로 이어지며, 이들을 '공부 못하는 집단'으로 일반화하게 만든다. 이는 매우 위험한 시선이다.

3. 학습과 운동, 두 개의 삶을 사는 법

그렇다면 학습과 운동은 양립 불가능한 것인가? 절대 그렇지 않다. 국내외에는 성공적으로 학업과 운동을 병행한 사례들이 많다. 미국 NCAA 제도는 선수의 학업 성적을 정기적으로 평가하고, 일정 수준 이하일 경우 경기 참여를 제한하는 제도를 통해, 선수의 학습 동기를 강화하고 있다. 일본 역시 '문무양도'라는 전통 아래, 학업과 스포츠의 균형을 강조한다.

한국에서도 최근 들어 중·고등학교에서 학생선수 학습권 보장을 위한 '운동부 학사관리 방안'이 마련되고, 온라인 수업과 튜터링 제도가 시행되고 있다. 그러나 이는 여전히 초기 단계에 머물고 있으며, 학교 현장과 지도자의 인식 변화가 뒷받침되어야 실질적인 효과를 낼 수 있다.

학습과 운동은 대립되는 개념이 아니라, 서로를 보완할 수 있는 요소다. 학습을 통해 전략적 사고, 의사소통 능력, 비판적 사고를 기를 수 있으며, 이는 곧 스포츠 실력 향상으로도 이어진다. 더 나아가 은퇴 이후의 삶을 준비하는 데에도 학습은 필수적이다.

4. "운동선수도 세상을 배워야 합니다"

한 체육교사는 이렇게 말했다. "운동선수도 세상을 배워야 합니다. 운동만 잘해서는 안 됩니다." 이 말은 단지 교훈적인 언급이 아니라, 현재 스포츠 교육이 직면한 본질적인 과제를 드러낸다. 선수는 운동 외에도 사회를 이해하고, 사람들과 소통하며, 자기 삶을 주도할 수 있어야 한다. 이러한 능력은 학교 교육을 통해 길러질 수밖에 없다.

이제는 스포츠를 통한 인재 양성이 단지 경기 성적으로 평가되어서는 안 된다. 학생선수의 인권과 미래, 삶의 다양성을 고려한 통합적 접근이 필요하다. 이는 교육청, 학교, 지도자, 부모 모두가 함께 풀어야 할 과제다. 또한, 정부는 정책적으로 체육특기자의 학업 보장을 위한 실질적인 지원과 제도 개선을 지속적으로 추진해야 한다. 공부하는 선수, 생각하는 경기자. 이 말은 더 이상 예외적인 존재가 아닌, 스포츠 교육의 새로운 기준이 되어야 한다. 운동장이 배움의 장이 될 때, 진정한 스포츠 인권은 실현된다.

제3장. 안전한 스포츠, 모두의 권리

1. 부상의 순간, 잃어버린 권리

　스포츠는 신체를 움직이는 활동인 만큼, 부상의 위험이 항상 존재한다. 하지만 이 부상의 순간이 단순한 사고 이상의 의미를 가지는 경우가 많다. 특히 유소년 선수나 학생선수에게 있어 부상은 단지 치료의 문제가 아니라, 경기 출전 기회 박탈, 진로 중단, 심리적 위축 등 다양한 권리 침해와 직결된다. 부상을 입은 아이에게 "넌 이제 끝이야"라는 말은 회복보다 훨씬 큰 상처를 남긴다.

　부상은 개인의 불찰이나 약함이 아니다. 과도한 훈련, 휴식 부족, 지도자의 강압적 훈련 방식, 시설 미비 등 구조적 원인이 복합적으로 작용한다. 그러나 현실에서는 부상당한 선수를 오히려 '문제'로 여기고, 빠른 복귀를 종용하거나 대체 선수를 찾는 문화가 강하다. 이로 인해 선수는 자신의 몸을 돌보기보다, 통증을 숨기고 경기에 나서는 선택을 하게 된다. 이는 장기적으로 선수 생명을 단축시키고, 건강권을 심각하게 침해한다.

2. 예방, 회복, 그리고 생각의 전환

　부상을 단지 피해야 할 사고로만 인식하면, 그 예방과 회복 과정 역시 소극적으로 접근하게 된다. 하지만 스포츠 인권의 관점에서 보면, 부상은 스포츠 참여자의 권리 보호와 직결된 문제다. 예방은 단지 트레이닝의 한 요소가 아니라, 인권의 기초적 실현이 되어야 한다.

　먼저 예방을 위한 시스템이 필수적이다. 연령별 발달단계에 맞춘 훈련법, 체력 검사와 건강 상태 모니터링, 지도자 교육 등이 병행되어야 하며, 학교와 체육기관이 이를 체계적으로 운영할 수 있는 지침이 마련되어야 한다. 또한, 회복의 과정에서는 의료 접근성, 재활 시간의 보장, 복귀 전 심리상담 등이 이뤄져야 한다.

　더 중요한 것은, 부상을 바라보는 사회적 인식의 전환이다. 부상은 실패가 아니라, 회복을 위한 시간이며, 쉬는 것도 성장의 일부라는 생각이 체계 안에 자리 잡아야 한다. '참고 뛰는 게 미덕'이라는 사고는 이제 바뀌어야 한다. 인권의 관점에서 보면, 부상 시 적절히 쉴 수 있는 권리, 의료와 재활을 받을 권리가 보장되어야 하며, 그것이 곧 안전한 스포츠 환경의 첫걸음이다.

3. 아이들이 다치지 않고 웃을 수 있는 운동장

유소년 체육에서 가장 중요한 기준은 '아이가 안전한가, 즐거운가'여야 한다. 그러나 현실의 운동장에는 여전히 성적 압박, 승부 중심의 지도 방식, 반복적이고 일률적인 훈련이 만연해 있다. 이러한 환경에서는 아이들이 다치는 것은 시간문제일 뿐이다.

운동장에서의 부상은 단지 육체적 손상에 그치지 않는다. 심리적 외상, 운동에 대한 두려움, 자존감의 하락 등 아이들의 마음에도 깊은 흉터를 남긴다. 따라서 유소년 체육에서는 '승리'보다 '경험'과 '성장'이 중심이 되어야 한다. 경기 출전, 포지션 배정, 훈련 강도 모두 아이의 몸과 마음에 맞게 조정되어야 하며, 성장을 위한 충분한 휴식과 보호의 원칙이 강조되어야 한다.

또한 학부모와 지도자, 학교는 운동장 내 안전을 위해 함께 협력해야 한다. 코치의 전문성, 시설의 안전 점검, 응급상황 대응 매뉴얼 마련 등은 단지 형식적인 절차가 아니라, 아이 한 명 한 명의 삶과 연결된 문제다. 안전한 운동장은 아이들이 몸을 움직이며 웃을 수 있는 유일한 공간이어야 한다.

4. 쉬는 것도 훈련입니다 - 휴식권 이야기

스포츠에서는 '열심히 한다'는 말이 '지치지 않고 계속 뛴다'는 의미로 쓰이는 경우가 많다. 하지만 실제로 성과를 내기 위해서는 회복과 휴식이 반드시 필요하다. 과학적으로도 충분한 수면과 회복 기간은 신체 회복은 물론, 부상 방지, 심리적 안정, 집중력 향상에 필수적임이 입증되어 있다.

그럼에도 불구하고 많은 선수들이 휴식 시간 없이 훈련에 내몰리고 있다. '쉬면 뒤처진다'는 불안감, 지도자의 질책, 경기 일정의 압박은 선수들이 스스로의 컨디션을 무시하도록 만든다. 이러한 분위기 속에서는 탈진과 과도한 훈련에 의한 부상이 속출하며, 결국 선수는 신체뿐 아니라 정신적으로도 지쳐간다.

이제는 휴식도 훈련의 일부라는 인식이 필요하다. 주기적인 회복 훈련, 휴식 시간 보장, 훈련량 조절 등은 선수의 건강을 지키기 위한 필수 요소다. 특히 성장기 아동과 청소년에게는 휴식이 성장판과 인지 기능에도 영향을 미친다는 점에서 더욱 중요하다. 스포츠 인권의 관점에서 '쉴 권리'는 단순한 혜택이 아니라, 안전과 지속가능성을 위한 기본권임을 사회 전체가 인식해야 한다.

스포츠가 모두에게 안전하려면, '쉬어도 괜찮다'는 말이 당연하게 들리는 문화가 필요하다. 그리고 그 첫 걸음은 지금 이 순간 운동장에 있는 아이의 숨소리를 먼저 듣는 데서 시작된다.

2부. 스포츠, 차별을 넘어서는 길

제4장. 몸에 새겨진 기억 - 폭력과의 거리두기

1. 폭력은 경기력을 높이지 않는다

스포츠 현장에서 종종 '강한 훈련'이라는 이름으로 정당화되는 폭력은 실제로 선수의 경기력을 향상시키지 않는다. 오히려 단기적인 복종과 공포를 만들어낼 뿐, 장기적으로는 창의성과 자율성을 억누르고 심리적 저항과 탈진을 초래한다. 미국 스포츠심리학회(AASP) 연구에 따르면, 위협과 체벌 중심의 지도 방식은 선수의 스트레스 지수와 부상 위험을 높이며, 경기의 지속 가능성을 심각하게 저해하는 것으로 나타났다.

승부의 세계에서는 순간적인 결과가 중요하게 여겨지지만, 지속 가능한 성장은 공포가 아닌 신뢰와 존중 속에서 이뤄진다. 선수는 스스로의 한계를 시험하고, 실패를 통해 배우며, 주체적으로 경기력을 끌어올려야 한다. 폭력은 이러한 자연스러운 성장 과정을 가로막는 장애물이다. "몸은 명령에 따랐지만, 마음은 경기장을 떠났다." 이 짧은 고백이 보여주듯, 폭력은 육체만이 아니라 마음까지도 얼어붙게 만든다.

2. "시키는 대로만 해!"라는 문화의 뿌리

'시키는 대로 해야 한다'는 문화는 단순한 지시 체계를 넘어, 질문을 허용하지 않고 복종을 강요하는 구조를 만들어낸다. 이는 한국 사회 전반에 깔려 있는 위계적 조직문화, 성적 지상주의, 그리고 집단주의적 사고방식과도 깊은 관련이 있다.

스포츠는 본래 자율성과 창의성을 기반으로 해야 하지만, 오랜 시간 동안 성과를 압박받아온 현장에서는 '순종하는 선수'가 '좋은 선수'로 평가받아 왔다. 이렇게 길들여진 선수들은 자신을 표현하는 법을 잃어버리고, 문제 상황에서도 침묵하게 된다. "왜 이렇게 해야 하나요?"라는 질문조차 허락되지 않는 문화 속에서, 인권은 서서히 지워진다.

이제 우리는 묻고 또 물어야 한다. "좋은 선수란 무엇인가? 좋은 팀이란 무엇인가?" 질문을 허락하는 운동장이야말로, 진짜 강한 팀을 만드는 시작이다.

3. 반복되는 상처, 대물림의 고리

폭력의 고리는 쉽게 끊어지지 않는다. 과거에 폭력을 당했던 선수가 지도자가 되어 같은 방식을 반복하는 경우가 흔하다. "나도 그렇게 배웠다"는 말은 변명이 아니라, 상처가 상처를 낳는 메커니즘을 보여주는 슬픈 진실이다.

폭력을 경험한 세대는 그 아픔을 물려주기도 한다. "나 때는 맞으면서 배웠다"는 말은 폭력을 문화로 정당화하는 위험한 유산이다. 2018년 대한체육회 조사에 따르면, 과거 폭력 경험이 있는 지도자는 비폭력 경험 지도자보다 선수에게 신체적 제재를 가할 확률이 2.3배 높았다. 폭력은 단순한 개인의 문제가 아니다. 구조적 차원의 문제다.

승부를 우선시하는 시스템 성적에 따른 지원금 차등 지급 지도자의 절대권력화 이 모든 것이 폭력을 가능하게 하고, 정당화했다. 이 고리를 끊기 위해서는 단순한 처벌이나 제도 개선을 넘어서 문화 자체를 바꾸는 작업이 필요하다.

"상처 입은 지도자가 또 다른 상처를 남기지 않도록, 우리는 지금 멈춰야 한다." 이러한 대물림은 단지 한 개인의 문제로 치부할 수 없다. 스포츠 시스템 전체가 결과 중심, 위계 중심으로 짜여 있기 때문이다. 이 고리를 끊기 위해서는 지도자 양성 과정에서 인권 감수성을 강화하고, 선후배 문화나 팀 내 의사소통 방식을 근본적으로 재설계해야 한다.

더 이상 '어쩔 수 없는 전통'이라는 이름으로, 새로운 상처가 반복되어서는 안 된다. 폭력 없는 운동장은 우연히 만들어지지 않는다. 그것은 한 사람, 한 팀, 한 세대의 의지로만 가능하다.

4. 선수의 뇌와 마음에 남는 상처

폭력은 몸에만 흔적을 남기지 않는다. 오히려 눈에 보이지 않는 상처가 더 깊고 오래 간다. 스포츠 트라우마는 PTSD(외상후 스트레스 장애), 불안장애, 우울증으로 이어질 수 있으며, 이는 선수의 경기력은 물론 은퇴 이후의 삶에도 큰 그림자를 드리운다.

한국스포츠과학원 연구에 따르면, 훈련 중 폭력을 경험한 선수들의 40% 이상이 심리적 외상을 겪고 있으며, 이 중 상당수가 심각한 자존감 저하와 대인기피 증세를 보이는 것으로 나타났다.

특히 청소년기 선수는 신경계와 정서 발달이 한창 진행 중인 시기이기 때문에, 폭력 경험은 인생 전반에 걸쳐 깊은 영향을 미칠 수 있다.

"그때 맞은 건 손등이었지만, 아팠던 건 마음이었다."

이 간단한 문장은 우리가 스포츠 현장에서 절대로 잊어서는 안 될 사실을 일깨운다. 폭력은 선수의 몸에만 흔적을 남기지 않는다.

그들의 뇌와 마음에도 깊은 상처를 새긴다. 스포츠 심리학자 데이비드 스미스의 연구에 따르면, 청소년기에 운동 중 폭력을 경험한 선수들은

- 우울증 발병률 3.4배 상승
- 사회적 관계 회피 경향 2배 증가
- 스포츠 중도 탈락률 4배 상승 하는 것으로 나타났다.

한국에서도 비슷한 통계가 있다. 대한체육회 스포츠 인권 실태조사(2022)에 따르면, 운동을 그만둔 청소년 선수 중 37%가 "지도자 혹은 동료로부터의 폭력 경험"을 주요 이유로 들었다.

"몸은 멀쩡해졌지만, 마음은 아직도 경기를 시작하지 못했다." 우리는 더

이상 "참아야 한다"는 말로 이 상처를 덮어서는 안 된다. 폭력 없는 운동장, 존중받는 경기장. 그것이 진정한 스포츠 인권의 시작이다.

제5장. 장애인과 함께 달리는 운동장

1. '함께' 한다는 것의 진짜 의미

스포츠는 종종 "모두가 함께하는 축제"로 불린다. 그러나 장애인의 스포츠 참여 현실을 들여다보면, '함께'라는 말이 얼마나 허술하게 사용되는지 깨닫게 된다. 경기장에 입장할 수 없는 관객석, 이용할 수 없는 샤워실, 동료로서 인정받지 못하는 선수 자리. 장애인이 마주하는 운동장은 아직도 높고 단단한 벽으로 둘러싸여 있다.

함께 한다는 것은 단지 같은 장소에 존재하는 것을 의미하지 않는다. 함께 한다는 것은 서로를 동등한 존재로 인정하고, 모두가 진정으로 참여할 수 있도록 환경과 문화를 조성하는 것이다. "네가 여기 있어도 괜찮아"라는 말이 아니라, "네가 여기 있어야 완성돼"라는 마음이 되어야 한다.

장애인의 스포츠 참여는 특별한 일이 아니다. 그것은 모든 인간이 가진 '움직이고 싶은 본능', '표현하고 싶은 자유'를 실현하는 자연스러운 권리다.

2. 정당한 편의라는 이름의 공정

장애인을 위한 스포츠 환경 개선을 논할 때, 종종 '특혜'라는 오해가 따라붙는다. 그러나 정당한 편의 제공은 특혜가 아니라, 공정함의 실현이다. 출발선이 다른 이들에게 똑같은 규칙을 강요하는 것은 오히려 불공정하다.

국제 패럴림픽위원회(IPC) 헌장에서는 이를 '공평을 위한 합리적 조정'이라고 규정한다. 휠체어 접근이 가능한 체육관, 보조 기구를 사용하는 선수에 대한 경기 규칙 조정, 시각장애인을 위한 음성 안내 서비스 — 이 모든 것은 장애를 가진 이들이 온전히 자신의 능력을 펼칠 수 있도록 돕는 최소한의 조건이다.

공정함이란 '같게 대우하는 것'이 아니라, '다름을 존중하고 필요한 것을 제공하는 것'임을 우리는 기억해야 한다.

진짜 공정은, 다르게 준비하고 함께 출발하는 것이다.

3. 패럴림픽 너머, 일상 속 스포츠

패럴림픽은 전 세계적으로 장애인 스포츠의 위대함을 보여주는 무대다. 그러나 모든 장애인 선수가 패럴림픽 스타가 될 수는 없다. 그리고 우리의 목표는, 소수의 영웅을 만드는 데 그쳐서는 안 된다.

장애인이 일상 속에서 자유롭게 체육 활동을 즐길 수 있는 환경 — 지역 체육관, 학교 체육 시간, 동호회 활동 속에서 평범하게 스포츠를 접할 수 있는 문화가 훨씬 더 중요하다.

아직도 많은 장애인은 체육 시설 접근 자체가 어려워 운동을 포기하고, 학교 체육 수업에서 배제되거나, 동호회 가입을 망설인다. 패럴림픽이 아니라, 매일의 작은 운동장에서부터 함께 뛰는 연습이 필요하다. 패럴림픽은 감동을 준다. 그러나 감동보다 필요한 것은, '평범한 하루'에 함께 뛸 수 있는 자유다.

4. 나와 당신 사이, 경계를 없애는 경기

운동장에서 경계는 불필요하다. 속도가 다를 수도 있고, 방법이 다를 수도 있지만, 함께 땀을 흘리고 웃을 수 있다면 이미 우리는 한 팀이다.

장애인과 비장애인이 함께하는 스포츠는 단지 배려나 자선의 문제가 아니다. 그것은 서로 다른 존재가 동등하게 존중받으며 함께 살아가는 사회를 만드는 연습이다.

경기 규칙을 조금 바꾸고, 속도를 조절하고, 도구를 다르게 쓰는 것 — 이 작은 변화를 통해 우리는 차이를 두려워하지 않고 받아들이는 법을 배운다.

"네가 나와 달라서 좋은 것, 우리가 함께라서 더 강한 것."
이것이 진짜 스포츠가 가르쳐야 할 이야기다.

- 함께 달릴 수 없다면, 달리는 의미는 반쪽짜리다.
- 함께 웃을 수 없다면, 승리의 기쁨은 공허하다.
- 우리는 이제 진짜 '함께'를 배우기 위해, 운동화를 다시 신는다.

제6장. 스포츠에도 유리천장이 있나요?

1. 여성이 뛰기엔 너무 좁은 필드

운동장은 늘 넓게 펼쳐져 있었다. 그러나 그 넓은 공간에서 여성에게 허락된 자리는 손바닥만 했다. 가장 빠른 속도로 달려도, 가장 치열하게 싸워도, "여자가 저 정도면 잘했지"라는 말은 따라붙었다. 여성 선수들은 처음부터 같은 출발선에 서지 못했다.

어떤 종목은 여성에게 '위험하다'는 이유로 금지되었고, 어떤 종목은 '여성성에 어울리지 않는다'는 이유로 외면받았다. 육상, 축구, 레슬링, 복싱 같은 분야에서 여성들은 '참가할 자격'부터 따져야 했고, 경기 중에도 '보여지는 존재'로만 소비되기 일쑤였다.

방송 편성표를 보면, 남자 경기 중계는 프라임타임에 배정되고, 여자 경기는 한적한 시간에 몰린다. 후원 계약은 남자 선수에게 몰리고, 여성 선수는 스스로 브랜드가 되어야 살아남는다.

이렇듯 여성은 스포츠라는 운동장에서, 단지 '뛰는 사람'이 아니라 **존재를 증명해야 하는 사람**으로 살아왔다.

"나도 공을 찼지만, 그 공은 늘 절반쯤만 인정받았다."
"내가 뛸 때마다, 운동장은 눈에 보이지 않는 벽으로 줄어들었다."
스포츠는 평등을 말하지만, 현실은 평등하지 않았다.

2. 성차별과 편견, 구조적 억압의 역사

여성의 스포츠 참여는 역사의 벽을 부수는 일의 연속이었다. 1896년 아테네 제1회 근대올림픽에서 여성은 참가조차 허락되지 않았다. 그 이후에도 여성의 참여는 "건강을 해친다", "품위를 손상한다"는 논리로 줄곧 제한당해왔다.

한국 스포츠의 역사에서도 여성은 늘 주변부였다. 남자 야구팀, 남자 축구 대표팀은 국민적 관심과 후원을 받았지만, 여자 팀은 생존 자체를 걱정해야 했다. 구조적 억압은 은연중에 고정관념을 강화했다. "여자는 힘이 약하다", "여자는 열정이 부족하다"는 편견은 선수 선발, 경기 배정, 심판 판정, 지도자 승진 과정 등 스포츠 전 과정에 스며들었다. 또한 스포츠 미디어도 편견을 재생산했다.

여성 선수의 경기력보다 외모에 주목하거나, 승패 보다 연애나 가십성 이야기에 집중하는 보도는, 여성 스포츠를 소비 대상으로 전락시켰다. "운동장에서 실력을 보여줘야 했다. 그리고 운동장 밖에서는 다시 '여성성'을 증명해야 했다." 이 이중의 잣대 속에서, 여성은 끊임없이 시험받았다.

3. 성평등한 스포츠를 향한 길

변화는 오고 있다. 그러나 그 변화는 결코 자연스럽게 온 것이 아니다. 수많은 여성 스포츠인들이, 때로는 조용히, 때로는 외치며 차별의 벽을 밀어내고, 운동장의 지도를 다시 그리고 있다. 미국 여자축구대표팀은 연봉 차별에 맞서 소송을 제기했고, 그 결과 2022년, 남녀 국가대표팀의 동일 급여 체계가 합의되었다. 이 작은 승리는 세계 스포츠계 전체에 메아리쳤다. 한국에서도 변화의 흐름은 감지된다. 2021년, 대한체육회는 '성평등 스포츠 추진 계획'을 수립하고, 여성 체육인의 리더십 향상, 성폭력 예방 교육 확대 등의 정책을 시작했다. 그러나 여전히 현실은 느리다. 여성 지도자의 비율은 10%대에 머물고 있으며, 정책은 있으나 체감할 수 있는 변화는 더디다.

성평등한 스포츠를 위해 필요한 것은 단순한 제도 변화가 아니다. **문화의 전환**이다. "여성도 할 수 있다"가 아니라, "여성도, 남성도, 모두 다른 방식으로 잘할 수 있다"는 인식이 필요하다.

- 성별이 실력을 규정하지 않는 운동장.
- 다양성이 경쟁력을 키우는 팀.
- 존중이 기본값이 되는 스포츠.

이것이 우리가 가야 할 길이다.

4. '있어도 되는 존재'가 되기까지

어떤 자리에서는 존재 그 자체가 투쟁이다. 운동장에서 여성으로 뛰는 일은, 단순한 스포츠 활동이 아니라 "나는 여기 있을 자격이 있다"고 매 순간 증명해야 하는 싸움이었다.

어린 시절, 운동부에 여자아이가 하나뿐일 때, 축구 시합에 껴달라고 부탁해야 했을 때, 뛰어도 "남자애들만큼은 안 된다"는 말을 들어야 했을 때, 그 모든 순간, 여성은 존재를 허락받지 못했다.

'있어도 되는 존재'가 되기까지는 긴 시간이 필요했다. 그리고 아직도 여정은 끝나지 않았다. 진정한 평등은, 여성이 특별해야만 인정받는 곳이 아니라 그저 '당연히' 있어도 아무도 의문을 품지 않는 곳에서 실현된다.

"내가 이 운동장에 있는 이유를 묻지 마라. 나는 여기에 있을 권리가 있다."

운동장이 진짜 평등해지는 날은, 여성이 특별해서가 아니라, 너무나 당연해서 눈에 띄지 않는 날이다. 우리는 그날을 향해, 계속 달려야 한다.

- 스포츠는 뛰는 자의 것이 아니다.
- 스포츠는 꿈꾸는 자, 존재하는 자, 함께하는 자의 것이다.

그리고 모든 사람은 그 안에서 동등하다. 단 한 사람도 예외 없이.

3부. 연대와 평화의 경기장

제7장. 정정당당함, 공정의 기술

1. 스포츠의 정의란 무엇인가

스포츠란 무엇인가. 단순히 빠르게 달리고, 더 높이 뛰고, 더 멀리 던지는 행위일까? 그렇다면 인간은 왜 굳이 규칙을 만들어 자발적으로 그 안에 자신을 가두었을까? 스포츠는 본능이 아니라 약속이다.

'정해진 규칙을 지키며 경쟁하겠다'는, 인간끼리의 숭고한 합의다. 그리고 이 합의는 인간됨, 즉 존엄성과 자유, 평등의 가치를 바탕으로 성립한다. 고대 올림픽에서도 전쟁 중에 평화를 선포했던 이유는 단순한 경기가 아니었다. '경쟁'을 통해 '공존'을 배우는 것이 스포츠의 진짜 의미였기 때문이다.

오늘날에도 스포츠는 국가 간 분쟁을 잠시 멈추게 하고, 서로 다른 피부색과 언어를 가진 사람들이 같은 규칙 아래 친구가 되게 한다. 스포츠는 세상을 이기는 것이 아니라, **세상과 함께 살아가는 법**을 가르친다. 그러므로 스포츠의 정의는 "승리"가 아니라 "인간에 대한 존중"이다.

"스포츠는 힘을 겨루는 곳이 아니라, 인간다움을 지키는 약속의 장소다."

2. 승패보다 중요한 '정정당당'의 미학

운동장에 들어서는 순간, 모든 선수는 두 가지 싸움을 시작한다. 하나는 상대방과의 싸움이고, 다른 하나는 **자신과의 싸움**이다. 상대방을 이기려는 것은 본능이지만, 자신을 지키려는 것은 선택이다.

승패의 기록은 언젠가 잊히지만, 정정당당했던 자세는 오래도록 기억된다. 많은 이들이 **에티오피아 마라토너 아베베 비킬라**의 맨발 우승을 기억하는 이유는, 그의 승리가 단지 기록을 깬 것이 아니라 인간 정신을 증명했기 때문이다.

정정 당당함은 때로는 손해처럼 보인다. 스스로 반칙을 인정하고 메달을 놓치는 순간, 팀의 이익보다 공정성을 택하는 순간, "바보 같다"고 비난받을 수도 있다. 그러나 진짜 미학은 결과에 있지 않다.

그 선택 자체가 영원히 빛난다. "승리는 순간이지만, 정정당당함은 영원하다." 정정당당함은 단지 '멋진 패배'를 위한 것이 아니다. 그것은 인간이 인간으로 남기 위한 마지막 자존심이다.

3. 심판의 눈, 관중의 시선, 선수의 마음

경기의 공정성은 누구의 책임인가. 심판 한 사람의 몫일까? 아니다.

경기에 참여하는 모든 이들이 함께 짊어져야 할 약속이다. **심판의 눈**은 정의의 첫 번째 관문이다. 편파 판정 하나로 경기는 무너지고, 선수는 절망한다. 올림픽 역사에는 수많은 오심과 불공정 판정으로 얼룩진 순간들이 있다. 1972년 뮌헨 올림픽 농구 결승에서, 미국이 소련에게 마지막 3초를 두 번 허용한 사건은 아직도 가장 악명 높은 판정 논란 중 하나로 남아 있다. **관중의 시선** 또한 경기를 지배한다.

편파 응원, 야유, 인종차별적 구호 이런 것들은 경기장을 전쟁터로 만든다. 관중은 승부를 응원할 권리는 있지만, 상대를 모욕할 권리는 없다. **선수의 마음**은 가장 결정적이다.

자신에게 유리한 판정을 받았을 때, 상대방의 실수로 점수를 얻었을 때, 그 순간, 선수는 진정한 승부사인지, 단순한 승리자인지를 증명한다.

"심판의 판정보다 중요한 것은, 내 마음이 내린 판정이다."
정정당당함은 결국 심판, 관중, 선수 모두가 함께 지켜야 할 하나의 정신이다.

4. 공정함을 실천하는 방식들

공정은 저절로 생기지 않는다. 공정은 끊임없는 연습과 선택으로 만들어진다. 구체적인 실천 방법은 다음과 같다:

- **심판 독립성 강화**
: 심판이 외부 압력 없이 판정할 수 있도록 제도적 보호 장치 마련.

- **경기 규칙의 투명성 확대**
: 규칙 해석을 공개하고, 선수와 지도자들이 이해할 수 있도록 교육 강화.

- **공정성 교육 의무화**
: 선수, 지도자, 심판, 관중 모두를 대상으로 한 스포츠윤리교육 의무화.

- **반칙과 부정행위에 대한 엄정한 처벌**
: "봐줄 수 있는 반칙"이라는 관행을 철폐하고, 일관된 기준으로 대응.

- **팬 커뮤니티 내 자율적 감시 강화**
: 관중 스스로 편파적 행위나 불공정한 응원을 자정할 수 있는 문화를 조성.

공정함은 규칙 위반을 막는 것만이 아니다. 공정함은 "경기 자체를 더 아름답게 만드는 힘"이다. "공정은 스포츠의 뿌리이고, 정정당당함은 스포츠의 꽃이다." 공정한 경기는 단지 누가 이겼는지를 넘어, 경기에 참여한 모두에게 깊은 울림과 자부심을 남긴다.

운동장은 힘센 자의 전유물이 아니다. 운동장은 정직한 자의 무대다. 그리고 진짜 승리는, 정정당당함 위에서만 완성된다.

제8장. 운동부 학부모에게 전하는 편지

1. "왜 우리 아이만 쉬어야 하나요?"

운동장 한 켠, 아이가 무릎을 감싸 쥐고 주저앉아 있을 때, 당신의 가슴도 함께 주저앉았을 겁니다. 부상을 당한 아이를 바라보는 부모의 마음은 무겁고, 때로는 죄책감으로 이어집니다. 그러나 더 큰 고통은, 그 상황에서도 아이가 쉬지 못하도록 재촉하는 목소리입니다.

"다른 아이들은 다 뛰고 있는데, 너만 빠질 수 없어."
"지금 빠지면 다음 경기 못 나가."
그 말들이 쌓여, 아이는 아픈 몸을 끌고 다시 뛰어야만 했습니다.

부모는 아이가 소외되지 않길 바랍니다. 경쟁에서 밀리지 않길 바랍니다. 그러나 그 바람이 아이에게는 **"쉬면 안 된다"는 공포**로 남기도 합니다. 정말, 우리 아이만 쉬어야 하는 걸까요? 아니면, 모두가 쉬어야 하는데 아무도 쉬지 못하고 있는 건 아닐까요?

2. 과열된 경쟁, 사라지는 아이들

운동부는 종종 '희망의 통로'로 포장됩니다. 하지만 실제로는 좁고 험한 길입니다. 초등학교부터 성적을 쌓아야 하고, 중학교에선 상위권 팀에 들어가야 하며, 고등학교에선 전국대회 입상 경력이 없으면 대학 진학조차 어렵습니다.

이 구조 안에서 부모는 경쟁을 선택할 수밖에 없게 됩니다. "우리 아이만 뒤처질까 봐"라는 두려움은 결국 과도한 훈련, 부상 강행, 성적 압박으로 이어집니다. 그러나 정작 중요한 질문은 이겁니다.

"이 길 끝에 아이가 웃고 있을까?"

운동이 아이에게 성취감을 주는 것이 아니라, 부담과 압박이 되는 순간, 그 아이는 운동장에서 조금씩 사라지고 있는 것입니다. "경기장에는 아이가 없고, 결과만 남았다." 이런 슬픈 말이 들리지 않도록, 우리는 아이를 '결과로서의 존재'가 아닌 '존재 자체로 존중'해야 합니다.

3. 부모로서 할 수 있는 것, 해서는 안 될 것

부모는 아이의 가장 가까운 지지자이자, 때로는 가장 가까운 압박자이기도 합니다. 그래서 더 신중해야 합니다.

부모로서 할 수 있는 일은 이런 것입니다.

- 아이의 감정에 귀 기울이기: "오늘 어땠어?"라는 질문은 훈련보다 큰 응원이 됩니다.
- 경기 결과보다 과정 칭찬하기: "졌지만 잘 뛰었어"라는 말은 아이를 숨 쉬게 합니다.
- 아이의 몸과 마음이 아플 때 멈추는 것을 지지하기: 쉬는 건 포기가 아니라 회복입니다.

반대로, 해서는 안 되는 말도 있습니다.
- "너, 이러다 뒤처지겠다": 아이의 마음에 두려움이 심어집니다.
- "내가 이렇게 투자했는데": 운동이 아이의 꿈이 아닌, 부모의 계획이 되어버립니다.
- "다른 애들은 다 하는데 넌 왜 못하니": 비교는 자존감을 갉아먹습니다.

부모의 말 한 마디, 표정 하나가 아이에게는 '뛰어도 되는가, 멈춰도 되는가'를 결정짓는 신호가 됩니다. 아이에게 필요한 건 조급한 응원이 아니라, **긴 호흡의 지지**입니다.

4. 함께 키우는 운동문화

운동부 문화는 혼자 바꿀 수 없습니다. 하지만 **'함께'라면 가능합니다.** 학교, 지도자, 학부모가 함께 "무엇이 아이에게 좋은가"를 질문해야 합니다. 그 출발은 부모들의 연대입니다.

다른 아이가 쉴 때 지지하는 문화, 부모 간 비교하지 않는 분위기, 결과보다 과정에 집중하는 응원 문화, 이런 작은 변화들이 모여 아이들이 '혼자 뛰는 운동장'이 아니라 '함께 걷는 운동장'을 만들 수 있습니다.

"내 아이만 잘 되기를 바라지 않을 때, 우리 모두의 아이가 잘 자랄 수 있습니다." 운동장은 단지 성적을 내는 곳이 아니라, 아이의 삶을 배우는 장소가 되어야 합니다. 그리고 그 변화는 부모의 시선에서부터 시작됩니다.
우리는 아이에게 운동화를 신겨주었습니다.

그 신발이 너무 무겁지 않았는지, 너무 빠르게 달리게 하지 않았는지, 오늘, 우리 자신에게 물어야 합니다. 아이가 운동장에서 **지치지 않고, 존중받으며, 스스로를 사랑할 수 있도록** 부모가 걸어야 할 길이 있습니다. 그 길을 함께 가고 싶습니다.

제9장. 아이들의 곁에 선 지도자

1. 코치인가, 멘토인가

운동장에서 아이들을 가장 가까이에서 마주하는 사람, 그들은 코치이자 지도자이고, 때로는 아이들의 인생을 바꾸는 '멘토'다. 하지만 우리는 자주 '코치'의 기술만 강조해왔다.

전술 이해, 경기 운영, 훈련 프로그램 구성 능력, 물론 중요하다. 그러나 그보다 먼저 물어야 할 것은 이것이다. **"그는 아이 곁에 서 있는가?"**

아이의 눈높이에서 듣고, 실패한 날에도 등을 두드리며 기다려주고, 잘못했을 때 꾸짖되 인격을 짓밟지 않는 사람. 코치는 기술을 가르치지만, 멘토는 인간을 키운다. "좋은 지도자는 아이의 실력을 키우는 사람이 아니라, 아이가 자기 자신을 사랑하게 만드는 사람이다."

2. 영화 속 명장면 속 지도자의 역할

스포츠 영화 속에는 많은 명장면이 있다. 그리고 그 중심에는 늘 한 명의 '진짜 지도자'가 있다.

《코치 카터》(Coach Carter) 팀의 성적보다 아이들의 학업을 우선한 지도자. "운동을 잠시 멈추더라도, 너는 사람으로 성장해야 한다"는 메시지를 던진다.

《미라클》(Miracle)
　냉전시대, 미국 아이스하키 대표팀을 맡은 코치는 기량보다 팀워크, 경기보다 태도를 강조하며 선수들의 심장을 깨운다.

《죽은 시인의 사회》(Dead Poets Society)의 키팅 선생님도 떠오른다. 그는 스포츠 지도자는 아니었지만, "카르페 디엠"을 통해 아이들에게 자기 삶의 주인공이 되는 법을 가르쳤다. 지도자는 **기억되는 사람**이다.

기술이 아니라, 말투와 표정, 기다림과 포옹이 오래도록 아이의 인생을 지배한다.

3. 훈육과 학대의 경계

가장 어려운 부분이다. 때로는 사랑이라는 이름으로 훈육이 행해진다. 그러나 그 사랑은 아이에게 '공포'로 남는다.

"지각했다고 벌로 운동장을 돌았다."
"연습을 게을리했다고 단체 얼차려를 시켰다."
"기량이 떨어졌다고 책상에 머리를 박았다."

이것은 훈육이 아니다. 그것은 분명한 **인격 침해**이며, 감정적 폭력이고, 신체적 학대다. 훈육은 '행동'을 바로잡는 것이다. 학대는 '존재'를 깎아내리는 것이다. 이 경계를 넘지 않으려면, 지도자 자신이 **인권 감수성**을 갖고 있어야 한다.
그리고 아이를 통해 자신의 부족함을 보상받으려 하지 않아야 한다.

"선수를 가르치는 일은, 선수를 소유하는 일이 아니다."

4. 인권 친화적 지도법과 해외 사례

세계 곳곳에는 이미 인권 기반의 스포츠 지도법이 정착되고 있다. 영국 FA(축구협회)는 유소년 지도자 교육 과정에서 '정서적 안전'과 '관계 중심 리더십'을 핵심으로 가르친다.

훈련법보다 먼저, "아이의 마음을 이해하는 법"을 배우게 하는 것이다. **핀란드 체육교육**은 아동의 선택권을 보장한다. 아이 스스로 훈련 시간, 강도, 종목을 조절할 수 있게 하고, 경쟁보다는 협력 중심의 커리큘럼을 운영한다.

호주 스포츠윤리강령은 모든 코치가 연 1회 이상 인권·성인지 교육을 이수하도록 하고, 아동권리 헌장을 기반으로 훈련 설계를 하도록 한다. 한국에서도 조금씩 변화가 시작됐다.

대한체육회는 '인권 친화적 스포츠 현장 조성을 위한 지도자 교육과정'을 확대 중이며, '스포츠윤리센터'는 지도자의 언행에 대한 정기적인 모니터링을 시행하고 있다. 하지만 여전히 갈 길은 멀다.

아이에게 한 마디 사과할 줄 아는 지도자가 존경받고, 실력보다 인격으로 평가받는 문화가 자리 잡기 전까지는 진짜 변화는 일어나지 않는다.

운동장에서 가장 오래 기억되는 사람은, 승리를 안겨준 코치가 아니라 실패했을 때 곁에 있어준 어른이다. 아이는 뛰면서 성장하지만, 그 곁에 서 있는 어른의 눈빛으로 인생을 배운다. 당신이 곁에 서 있는 그 순간이, 아이에게는 **운동보다 더 큰 배움**이 된다.

제10장. 스포츠가 주는 마지막 선물 - 평화

1. 스포츠로 갈등을 해결할 수 있을까

스포츠는 때때로 정치보다 빠르고, 외교보다 넓은 다리를 놓는다. 총칼이 잠시 멈춘 자리, 언어가 통하지 않는 나라 사이, 운동장 위의 한 경기, 한 악수, 한 눈빛은 오랜 적대의 벽을 허물기도 한다. **1971년 핑퐁외교**는 그 대표적인 예다.

미국과 중국이 서로를 적국으로만 여겼던 냉전시대, 양국 탁구 대표팀의 교류는 놀랍게도 양국 정상 회담으로 이어졌고, 수교의 물꼬를 트는 결정적인 계기가 되었다. **남북 단일팀**의 역사는 그 자체가 분단 극복의 시도였다. 1991년 일본 지바 세계탁구선수권 대회에서 남과 북의 선수가 '코리아'라는 한 이름 아래 출전한 장면은 모두에게 평화의 가능성을 상기시켰다. 그리고 이보다도 더 인상적인 것은, **도쿄 올림픽 난민 선수단, 카타르 월드컵에서 이란 여성 응원권 투쟁, NFL의 무릎 꿇기 시위**처럼 스포츠를 통해 **사회 정의와 인권의 목소리**가 세계로 뻗어나간 사례들이다. 이제 우리는 묻는다. 스포츠는 과연 갈등을 해결할 수 있을까? 답은 단순하지 않다. 스포츠는 전쟁을 멈추지 못한다. 그러나 스포츠는 '사람'의 얼굴을 보여준다.

경쟁 속에서 적이 아닌 '상대'를, 다름 속에서 '같이 할 수 있는 존재'를 발견하게 해준다. 스포츠는 세계를 바꾸진 않지만, 세계를 바꾸는 **사람의 마음을 움직인다**.

2. 팀워크, 넘나듦, 포용이라는 키워드

경쟁과 협력이 공존하는 공간, 승부와 존중이 함께 자라는 운동장, 스포츠가 주는 가장 소중한 가치는 바로 **공존의 기술**이다.

▌팀워크

스포츠에서 팀워크란 단순한 협력이 아니다. 나보다 상대가 더 잘할 때 기꺼이 기회를 넘기고, 실수했을 때 함께 책임지는 '공감의 언어'다.
다름을 견디고, 하나의 목표를 위해 조율해가는 과정에서 우리는 갈등이 아니라 신뢰를 쌓는다.

▌넘나듦

스포츠는 경계를 넘는다. 장애와 비장애, 남성과 여성, 국적과 종교, 연령의 경계까지. 휠체어 농구팀과 고등학생 농구부의 친선 경기, 여성과 남성이 같은 링에서 훈련하는 복싱 체육관, 다문화 가정 자녀들이 모인 지역 축구클럽.
스포츠는 "함께 뛸 수 있다"는 가장 강력한 말이 된다.

▌포용

포용은 다른 사람을 '받아들이는 것'이 아니라, **'너 없으면 안 된다'는 마음을 가지는 것**이다. 팀에서 배제되지 않고, 훈련에서 제외되지 않고, 어떤 이유로도 '소외되지 않는 경기장'이 포용의 시작이다. 평화는 전쟁이 없는 상태가 아니라, **누구도 외롭지 않은 상태**다.

3. 올림픽, 월드컵, 작은 지역 리그의 기적

세계는 스포츠로 하나 된다. **올림픽과 월드컵**은 스포츠가 정치, 종교, 인종을 넘어 인류 전체를 하나의 꿈으로 모을 수 있다는 것을 증명한다. 그러나 진짜 기적은 대형 무대보다 **작은 운동장, 평범한 지역 리그**에서 자주 일어난다.

- 지역 청소년센터에서 열린 **장애-비장애 통합 농구리그**
- 시골 초등학교의 **다문화 축구팀**
- 은퇴 어르신들이 주축이 된 **평화 걷기 마라톤**
- 학교 간 대결을 넘어 **협동조합 형태로 운영되는 스포츠클럽**

이러한 현장은 '스포츠를 통해 삶이 바뀌는 순간'을 보여준다. 그리고 그 순간들은 조용하지만 강한 울림으로 우리 삶 깊숙한 곳에 평화를 뿌리내리게 한다.

누군가에겐 작은 승리지만, 누군가에겐 인생의 첫 '함께'였다.

4. 스포츠 외교, 교육, 시민 사회를 연결하다

스포츠는 더 이상 경기장에서만 존재하지 않는다. 그 영향력은 **외교 정책**, **공교육**, **시민운동**까지 확장된다.

▌외교

국가 간 갈등을 완화하는 도구로 스포츠는 점점 더 중요해지고 있다. IOC와 UN의 파트너십, 평화올림픽 선언, 국제난민위원회와의 연대 등 국제사회는 스포츠를 '중립적 연결 고리'로 활용 중이다.

▌교육

'스포츠 시민교육'은 이미 세계적으로 확산 중이다. 핀란드, 캐나다, 뉴질랜드 등은 초등 교과에서부터 '스포츠를 통한 갈등 해결' '공정한 경기문화' '다문화 수용성'을 가르친다. 한국도 최근 '체육 수업에서의 인권교육'을 의무화하는 시범학교가 생기고 있다.

▌시민사회

서울, 대구, 광주 등에서는 비영리단체들이 주관하는 '공정 스포츠 페스티벌', 장애인-비장애인 혼성 경기, 가족 연합 리그 같은 **비경쟁적 스포츠 모델**이 확산되고 있다. 이 모든 시도들이 말한다. 스포츠는 더 이상 "이기기 위한 수단"이 아니라 **"함께 살기 위한 연습"이 되어야 한다.**

5. 평화를 향한 작은 공 하나

스포츠의 평화는 거창한 선언이 아니라, 아주 작은 '공 하나'에서 시작된다.

그 공이 아이의 발끝에서 튕겨져 나갈 때, 관중은 어느 편도 아닌 **모두의 편**이 되고, 심판은 두 눈이 아니라 **한 마음**으로 경기를 본다.

그 공이 왼쪽에서 오른쪽으로, 강한 사람에게서 약한 사람에게로, 익숙한 친구에게서 처음 만난 이에게로 건너갈 때, 그것은 단지 패스가 아니라, **신뢰의 언어**가 된다. 우리가 진정으로 바라는 평화는 이 공 하나가 다시 나에게 돌아올 거라는 믿음이다.

평화는 거창한 문서로 만들어지지 않는다. 평화는 경기 끝나고 서로를 안아주는 팔, 졌지만 박수를 보내는 손바닥, 내게 온 공을 다시 넘겨주는 그 마음에서 시작된다.

스포츠는 경쟁을 통해 공존을 배운다. 그리고 언젠가, 우리 아이들이 웃으며 말하길. "나는 운동장에서 사람을 배웠어요." 그 말이 이 책의 마지막 문장이라면, 나는 그것으로 충분하다.

4부. 스포츠를 바꾸는 목소리들

제11장. 선수들이 직접 말하다
- 현장 목소리로 본 스포츠 인권 -

"처음엔 그냥 참고 견디는 게 당연한 줄 알았습니다. 그런데 이제는 아니라고 말하고 싶어요." - 은퇴한 유도선수, 23세

1. 침묵에서 말하기까지

스포츠계의 폭력과 인권 침해 문제는 어제오늘 일이 아니다. 하지만 오랫동안 선수들은 침묵을 강요받았다.

"이겨야 살아남는다", "감히 거절할 수 없다"는 구조 속에서 수 많은 선수들은 상처를 안고 운동장을 떠나야 했다. 그러나 최근 몇 년 사이, 분위기는 조금씩 달라지고 있다. '그냥 넘기지 않겠다'는 선수들의 목소리가 스포츠계를 흔들고, 사회를 움직이고 있다. 그리고 그 변화의 시작은, 한 사람의 '솔직한 고백'이었다.

2. 이야기 하나 - 유도선수 지현(가명)의 고백

지현은 고등학교 2학년 때 유도를 그만뒀다. 기술을 못 따라가서가 아니었다. 매일 이어지는 무릎 꿇기, 회초리 맞기, 실수 하나에도 쏟아지던 욕설과 집단기합. "감독이 말했어요. '지면 죽는 거다. 부러져도 참아야 한다. 니가 교체되면 팀도 망한다.'" 그 말은 훈련보다 더 아팠다. 그래서 지현은 어느 날 말없이 도복을 벗었다. 몇 년 뒤, 지현은 용기 내어 대한체육회 인권신고센터를 찾았다.

그녀의 진술은 지도자 자격정지와 제도 개선 논의로 이어졌고, 지금은 인권교육 강연자로 활동하고 있다. "스포츠는 나에게 상처만 준 게 아니에요. 이제는 누군가의 상처를 막는 힘이 되고 싶어요."

3. 이야기 둘 - 장애인 펜싱선수 경호(가명)의 외침

경호는 하반신 마비 장애를 가진 채, 초등학교 때부터 펜싱을 시작했다. 재능이 있었지만, 시합에 나설 기회는 적었다. "장애인 경기는 늘 보조였다. 체육관도, 연습장도, 장비도 늘 '남은 시간'과 '남은 공간'을 쓰라고 했다." 그는 전국 장애인 체전에 출전해 은메달을 땄다. 하지만 언론도, 후원도, 학교도 그의 존재를 크게 보도하지 않았다.

"장애가 아니라 실력으로 평가받고 싶었어요. 근데 아무도 경기를 보지 않더라고요." 지금 그는 지역의 특수학교에서 후배 선수들을 훈련시키며 장애인 스포츠의 가치를 널리 알리고 있다. "우리가 훈련하는 건, 그냥 시합을 위한 게 아니라 존재를 증명하기 위한 거예요."

4. 이야기 셋 - 여성 배구선수 연수(가명)의 편지

연수는 국가대표 출신이다. 하지만 그가 한 인터뷰는 충격을 안겼다. "성적은 좋았지만, 여자라서 늘 부차적인 취급을 받았어요. 지고 나면 '여자들이라 그렇다'는 말, 실수하면 '그 나이에 남자들은 벌써 프로 간다'는 말. 그 말들이 경기보다 더 무서웠어요." 연수는 선수 생활 중반부터 경기 외 활동을 시작했다.

여성 체육인 커뮤니티를 만들어 성차별 사례 수집, 제도 개선 건의, 멘토링 활동 등을 이어오고 있다. "존재를 허락받는 데 너무 많은 시간을 썼어요. 이제는, 다음 세대는 그런 허락 없이도 뛰는 게 당연했으면 좋겠어요."

5. 선수들의 말, 구조를 흔들다

이러한 목소리들은 단순한 개인의 경험이 아니다. 그 말들은 스포츠 구조의 어두운 부분을 드러냈고, 실질적인 제도 변화를 이끌어냈다.

- 스포츠윤리센터 개설
- 국가대표 전담 심리상담 제도 신설
- 성폭력·폭력 근절 5개년 계획 수립
- 선수 자문위원회 제도 도입

이제 선수는 단지 '지시받는 존재'가 아니라, 스포츠 구조를 바꾸는 주체가 되었다. "경기를 바꾸는 건 기록이 아니라, 그 경기장을 걷는 사람의 목소리다."

제12장. 스포츠를 바꾼 사건들 - 위기를 기회로 만든 변화

역사는 말한다. 한 사람의 용기 있는 발언이 구조를 흔들고, 사회를 움직인다고. 스포츠계도 마찬가지였다. 많은 이들이 모른 척했을 때, 누군가 "이건 아니야"라고 말했고, 그 한마디가, 더 이상 되돌릴 수 없는 변화를 만들었다.

폭력, 성폭력, 인권 침해, 부정 경기 운영. 위기 속에서 밝혀진 진실은 때로는 잔인했지만, 그 덕분에 우리는 더 단단한 시스템을 만들 수 있었다.

1. 사건 하나 - 체조계 성폭력 고발, 그 이후

2018년 미국 체조선수들의 집단 고발은 스포츠계 미투의 상징이 되었다. 전 국가대표 팀닥터 래리 나사르는 수십 년간 300명 이상을 상대로 성범죄를 저질렀고, 그 진실은 한 선수의 법정 진술로부터 드러났다.

"당신은 나의 몸을, 나의 믿음을, 나의 미래를 훔쳤어요." 그 말 한마디가 세계 체조계를 바꿨다.

이후 미국체조협회는 해체 수준의 개편을 단행했고, 올림픽위원회는 선수 인권보호기구를 독립시켰으며, 성폭력 예방교육과 내부고발 시스템을 전면 재정비했다. 한국에서도 이 사건은 파장을 일으켰고, 스포츠윤리센터 출범의 간접적 촉매제가 되었다. "진실은 때로 늦지만, 결코 멈추지 않는다."

2. 사건 둘 - 한국 유도계의 '침묵을 깬 고발'

한국 유도계는 오랜 기간 성적 중심, 군대식 문화, 그리고 폭력적 지도 관행이 공고히 유지된 분야였다. 2011년과 2018년 두 차례에 걸쳐 선수들이 은폐된 폭력과 성희롱을 직접 폭로하면서 체육계 전반의 관행이 공개됐다. 그중 한 여고생 유도선수는 일기장 속 기록과 부모의 증언을 통해 코치의 지속적 폭언과 성적 위협을 세상에 드러냈다. 이후 코치는 실형을 선고받고, 학교는 체육지도 시스템을 폐지했다.

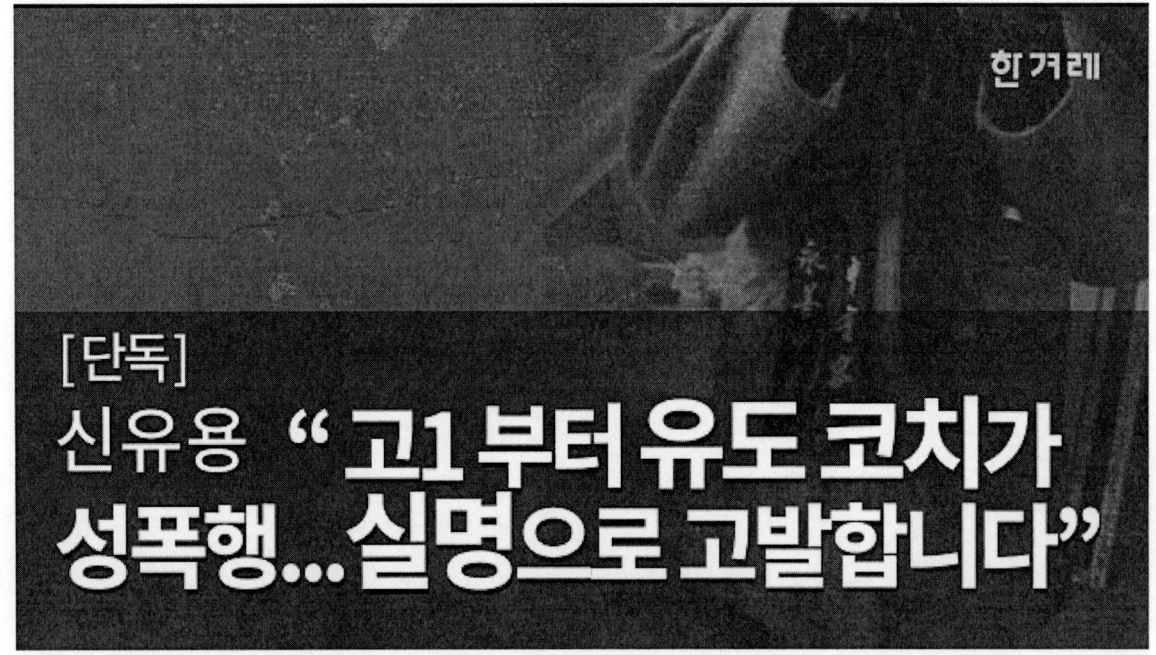

이 사건은 교육부-문체부 합동 점검 체계를 만들었고, 유도협회는 성희롱 방지 지침과 여성 전담 상담관 제도를 도입했다. "그 아이는 체육계를 떠났지만, 아이가 남긴 말은 아직도 사람들을 지키고 있다."

3. 사건 셋 - 쇼트트랙 국가대표의 미투와 구조의 흔들림

2019년, 쇼트트랙 국가대표 심석희 선수의 폭로는 체육계 성폭력 구조의 본질을 드러냈다. 코치의 지위를 이용한 수년간의 성폭력, 훈련과 평가를 무기 삼은 권력 남용, 심지어 내부 고발을 방해한 연맹의 대응. 이 사건은 스포츠계에 다음과 같은 변화를 촉발했다:

- 스포츠윤리센터 독립 설립
- 선수와 지도자 간 심리적 거리 재설계
- 여성 선수 보호를 위한 전용 정책 확대
- 체육 지도자 대상 의무교육 강화

무엇보다 달라진 건 '사회 분위기'였다. 이전에는 묻혔을 말들이, 이후에는 뉴스가 되었고, 논의가 되었다.

4. 사건 넷 - 국제 패럴림픽에서 촉발된 '정당한 편의' 논의

2016년 리우 패럴림픽. 한 시각장애인 수영선수가 경기 도중 잘못된 터치로 방향을 잃고 실격 처리되었다. 경기 이후 그는 눈물로 말했다. "정당한 편의가 보장되지 않으면, 우리는 경기 자체를 잃습니다." 이 사건은 단지 하나의 오심이 아니었다.

- 경기장 내 접근성 미비
- 심판단의 장애 감수성 부족
- 선수 보호 장치의 부재

이후 IPC(국제패럴림픽위원회)는 '경기 편의 기준 매뉴얼'을 전면 개정하고, 각국에 장애 인권 연계 지침 교육을 의무화했다. 한국에서도 이 사건을 계기로 장애인체육회가 경기장 시설 재점검에 착수했고, 장애인 스포츠 정책에 '정당한 편의' 조항이 최초로 포함되었다.

5. 사건 다섯 - 일본 '블루카드 제도'의 확산

일본은 2020년부터 청소년 경기 중 언어폭력, 협동 미흡, 비신사적 행동에 대해 심판이 '블루카드'를 발부하는 제도를 도입했다.

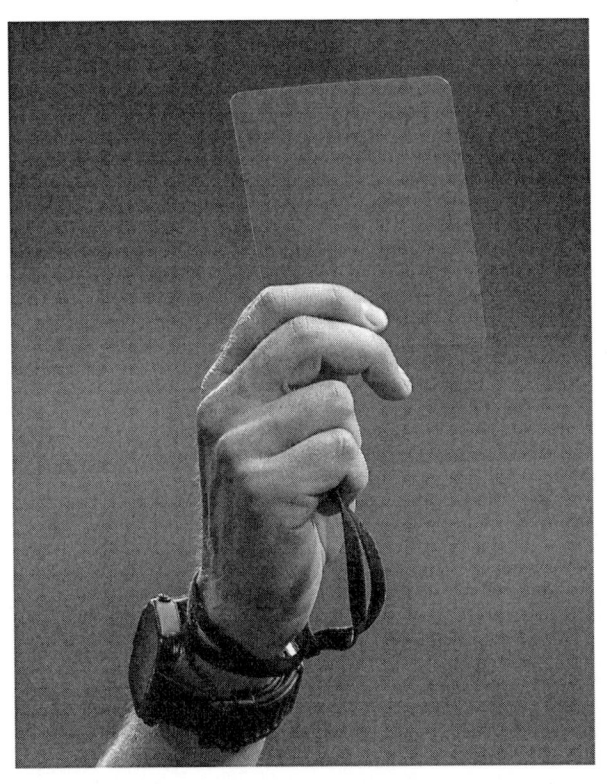

이는 레드카드처럼 퇴장을 의미하지 않지만, '행동에 대한 즉각적 주의'를 상징하는 방식이다. 초등 축구 리그, 유소년 농구, 학교체육대회 등으로 확대된 이 제도는 경기 내 태도, 감정 조절, 공정성에 대한 교육적 피드백을 강화하는 효과를 낳았다.

한국에서도 이를 참고하여 '공정경기문화 캠페인'이 확대되었고, 스포츠심리 전문교사 배치 논의가 활성화됐다.

6. 변화는 이어지고 있다

이처럼 위기는 변화의 시작점이 된다. 그 변화는 단순한 징계나 사과가 아니라 구조를 바꾸고, 문화를 바꾸는 노력으로 이어져야 한다.

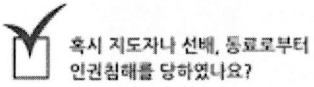 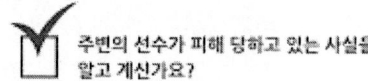

여러분의 즐거운 스포츠 선수생활!
스포츠인권포털이 책임지고 지켜드립니다.

- 선수고충센터 설치
- 훈련 중 실시간 CCTV 모니터링
- 선수위원회와 연맹의 공동 결정권
- 선수 보호 예산 의무 편성
- 미디어 윤리 가이드라인

이 모든 것은 과거 누군가가 용기 내어 "이건 아니야"라고 말했기 때문에 가능했다. 위기는 무너뜨리기도 하지만, 잘 쓰면 시스템을 다시 짓는 도구가 된다. 스포츠를 바꾼 것은 기술이나 기록이 아니었다. 운동장을 지킨 것은, 상처 입은 채 용기를 냈던 한 사람의 말, 그 말에 응답한 모두의 움직임이었다.

제13장. 전 세계는 지금 - 스포츠 인권의 글로벌 흐름

1. 인권 없는 스포츠는 지속될 수 없다

국제 스포츠계는 지금 '기록 경쟁'이 아닌 '가치 경쟁'의 시대로 접어들고 있다. 과거에는 스포츠가 '성과' 중심이었다면, 이제는 '사람 중심'으로 재편되고 있다. 그리고 그 핵심에는 스포츠 인권이라는 개념이 자리잡고 있다.

국제올림픽위원회(IOC), 국제축구연맹(FIFA), 유럽평의회, 유엔 등은 스포츠 참여자에게도 자기결정권, 안전, 차별받지 않을 권리, 교육권이 필수적으로 보장되어야 한다고 명시하고 있다.

"인권 없는 스포츠는 더 이상 스포츠라 부를 수 없다."
- 유엔 스포츠와 개발 보고서, 2022

2. 국제올림픽위원회(IOC)의 스포츠 인권 선언

IOC는 2017년 '인권 전략'을 채택하며 다음을 발표했다: 올림픽 참여자의 인권 보호는 IOC의 공식 책무이다. 선수의 자기표현, 성별·종교·인종에 대한 차별 금지를 명문화한다. 올림픽 헌장에 인권 조항을 반영하고, 위반 시 제재한다. 또한 2021년부터는 선수촌 내 인권 관련 핫라인 운영, 표현의 자유 보장 영역 확대, IOC 인권 자문위원회 운영 등이 본격적으로 시행되었다. 이 변화는 단순한 선언이 아닌 정책적 시스템 전환의 첫걸음이었다.

3. 유럽의 스포츠 인권 제도 - 실천적 접근의 모델

유럽연합과 유럽평의회는 스포츠를 인권교육의 핵심 수단으로 활용하고 있다.

▍핀란드 - 스포츠와 인권을 통합한 교과과정

- 체육과목 시간에 '공정한 경기 문화' 필수 교육
- 장애인 스포츠 체험 수업 연계
- 학생 자율훈련 계획 제안·토의 방식

▍스웨덴 - "참여가 곧 권리"

- 청소년 스포츠 리그는 참가 의무제 (엘리트 선발 제한)
- 선수 의견 반영 시스템
- 연령별 훈련 가이드라인 법제화

▍영국 - 스포츠인권 헌장 법제화

- 모든 스포츠 단체에 인권 교육과 상담 프로그램 의무화
- 심판, 지도자 대상 연례 인권 감수성 교육
- '공정성 감독관' 제도 운영 (경기장 내 부당행위 실시간 개입)

4. 북미의 사례 - 교육 중심 구조 개편

▮ 미국 - NCAA와 대학스포츠에서의 변화

미국 대학스포츠 리그 NCAA는 인권과 교육권을 연계한 다음 정책을 도입했다:

- 학생선수 학업 이수 기준 미달 시 경기 출전 불가
- 인권침해, 성폭력, 인종차별 등 윤리규범 위반 시 팀 전체 징계
- 모든 운동부에 심리상담사, 성평등 감독관 배치

> "운동을 위해 학교에 온 것이 아니라, 배움을 위해 스포츠를 한다."
> - NCAA 선언문

▮ 캐나다 - '인클루시브 스포츠 모델' 선도

- 성소수자, 이민자, 장애인 청소년을 위한 참여 중심 스포츠 구조 '모두를 위한 스포츠' 헌장 제정
- 정부-학교-지자체 간 연계형 스포츠 인권 프로젝트 운영

5. 아시아 국가들의 실천 - 느리지만 분명한 진보

▎일본 - 스포츠청 주도로 체계화된 개혁

- '스포츠기본법' 내 인권 조항 신설
- 학교 체육 내 '부정 지도 금지 매뉴얼' 전국 배포
- 여성 체육 지도자 비율 30% 달성 계획

▎대만 - 스포츠 상담 인프라 확장

- 학생선수용 인권 앱 운영
- 폭력·차별 신고 익명제도 법제화
- 연 2회 학교체육 내 인권감사

이와 비교해 한국은 제도적 기반은 마련되고 있으나, 실질적 실행력과 사회적 인식 면에서는 여전히 부족한 부분이 많다.

6. 한국의 현주소와 나아갈 길

한국은 2021년 '스포츠기본법'을 제정하며 스포츠 참여자의 인권 보호를 법으로 명시했다. 그러나 실질적으로는 다음과 같은 과제가 여전히 남아 있다:

- 현장 이행력 부족: 법은 있으나 학교·협회 등에서 실천율 저조
- 신고의 문턱: 피해자가 보호받기보다는 다시 2차 피해에 노출
- 체계화된 교육 부재: 선수·지도자·심판 대상 교육의 일관성 결여

▌ 해결을 위해 필요한 것:

- 스포츠인권 전담기관의 권한 확대
- 정기적인 실태조사와 인권감수성 평가
- 스포츠인권지표의 국가 단위 공개와 경쟁
- 학교 체육과정 내 '스포츠 인권 수업' 의무 편성

"제도는 선언이 아니다.
그것이 진짜 '문화'가 되어야만, 변화를 말할 수 있다."

7. 스포츠 인권의 미래는 어디로 향하는가

우리는 지금 선택의 기로에 서 있다. 기록 중심의 스포츠를 계속할 것인가, 사람 중심의 스포츠로 전환할 것인가. 스포츠는 이제 더 이상 단지 '달리기'가 아니다. 그것은 사회가 어떻게 인간을 대하는지를 보여주는 거울이다.

'포용'이 경기력보다 먼저인 경기장, '다름'이 조화를 만드는 팀워크, '인권'이 규칙의 전제가 되는 스포츠, 그곳에 스포츠의 미래가 있다. 그리고 그 미래는, 이미 세계 곳곳에서 실현되고 있다.

스포츠 인권은 먼 이상이 아니다. 그것은 이미 전 세계가 실천하고 있는 지금의 현실이다. 한국도, 이제는 따라잡아야 할 때가 아니라 주도할 시기에 왔다.

5부. 스포츠 인권의 미래를 그리다

제14장. 지속가능한 스포츠 환경 만들기

1. 환경 친화적인 스포츠 시설과 운영

스포츠는 몸을 움직이는 활동인 동시에, 지구 위에서 이루어지는 활동이다. 하지만 우리는 종종 '경기력 향상'과 '환경 보호'가 서로 충돌한다고 오해해왔다. 그러나 **지속가능한 스포츠 환경**은 더 이상 선택이 아니라 필수다.

전통적인 체육관, 구장, 대형 스타디움은 막대한 전력 소비, 폐기물 배출, 온실가스 발생을 유발한다. 또한 일부 지역에서는 스포츠 인프라 건설이 **지역 생태계 파괴와 공동체 분리**를 초래하기도 한다. 이를 극복하기 위한 세계적 흐름은 이미 시작되었다.

■ 독일 - 친환경 스타디움 구축 사례

- 독일 함부르크의 '볼크스파크 스타디움'은 태양광 패널, 우수 재활용 시스템, LED 조명 사용으로 전기 소비량을 40% 절감했다.

■ 일본 - 2020 도쿄올림픽의 '지속가능성'

- 성화대는 재활용 알루미늄으로 제작,
- 경기장 의자는 폐가전 플라스틱으로 구성
- 선수촌 가구는 '임대 후 재활용형 목재'로 제작되어 올림픽 이후 지역 복지시설에 재배치되었다.

▌한국

'그린 스포츠 인프라' 구축이 시급하다. 학교 체육시설, 공공 스포츠센터, 민간 구장 등에서 친환경 자재, LED 조명 전환, 자가 발전 설비 도입 등 **지방자치단체 중심의 전환 로드맵**이 필요하다.

2. 기후 변화와 스포츠의 관계

기후 위기는 더 이상 먼 일이 아니다. 폭염, 한파, 미세먼지, 태풍 모든 재난은 '스포츠가 이루어지는 현장'과 직결된다. 특히 유소년 선수들은 고온다습한 여름 훈련 중 탈수, 열사병, 일사병 위험이 급격히 높아진다. 실제 **2022년 전국 대회 참가 선수의 17%가 기후 조건으로 인한 컨디션 저하를 경험**했다고 보고되었다.

국제대회는 더욱 심각하다. 카타르 월드컵은 경기장에 냉각 시스템을 도입했지만 기후 역설에 대한 비판을 피할 수 없었다. 이제 스포츠는 기후 위기를 **경기 지연 요인**으로만 볼 것이 아니라, **스스로 감축해야 할 주체**로 인식해야 한다.

3. 지속가능성을 위한 국제적 노력

다음은 현재 세계 스포츠계가 진행 중인 지속가능성 프로젝트이다:

주체	프로젝트	핵심 내용
IOC	"스포츠와 기후 행동 프레임워크"	탄소중립 올림픽, 교통 감축 목표
FIFA	지속가능성 전략(2022)	재활용 용품, 식자재의 지역화
UN	스포츠와 개발 목표(SDGs) 연계	스포츠를 통한 기후 인식 교육

대한체육회, **문화체육관광부**, **교육청**도 기후 위기 대응을 체육정책과 통합하는 "스포츠 환경 전략 2030"을 공동 기획할 필요가 있다. "지속 가능한 스포츠란, 단지 내일도 할 수 있는 스포츠가 아니라 모두가 오래도록 함께할 수 있는 스포츠다."

6부. 독자의 참여를 이끄는 실천 가이드

제15장. 나의 스포츠 인권 실천 다이어리

1. 일상에서 실천할 수 있는 스포츠 인권 활동

스포츠 인권은 거창한 제도나 운동만으로 이루어지지 않는다. 가장 중요한 변화는 **우리의 일상에서 시작된다.**

당신이 학생이라면, 당신이 학부모라면, 당신이 지도자라면, 혹은 단순히 스포츠를 좋아하는 시민이라면, **지금 이 순간부터 할 수 있는 일**이 있다.

▌ 학생이라면
- 실수를 한 친구에게 "괜찮아"라고 말해주기
- 경기에서 진 친구 팀에도 박수 보내기
- 운동장 청소, 장비 정리 함께하기
- 누군가 배제될 때 "왜?"라고 질문하기

▌ 학부모라면
- 경기 후 "결과보다 과정이 좋았다"고 말해주기
- 아이가 쉬고 싶어할 때 "괜찮다"고 말하기
- 지도자의 언행을 인권의 관점에서 점검하기
- 학교에 '스포츠 인권교육 도입'을 요청하기

▌ 지도자라면
- 훈련 전에 오늘 아이 상태 묻기
- 실수한 아이에게 다시 기회를 주기
- 모두의 이름을 기억하고, 존중하기
- 1년에 한 번은 "왜 이 아이들과 함께하는가"를 자문하기

▌ 시민이라면

- 차별 없는 응원을 선택하기
- 폭력, 혐오 표현에 항의하기
- 지역 리그나 소수 스포츠 종목에도 관심 갖기
- SNS에서 공정한 스포츠 캠페인 공유하기

2. 개인별 목표 설정과 점검 방법

변화는 구체적으로 적을 때 시작된다. 다음은 당신이 지금 실천할 수 있는 인권 활동을 목표로 설정하고 체크할 수 있도록 돕는 **'인권 실천 다이어리'** 예시이다.

▌나의 1주일 실천 계획 예시

요일	실천 활동	실천 여부(✔ / ✘)
월요일	경기 중에 실수한 친구 칭찬하기	☐
화요일	오늘 운동장에서 배제당한 친구는 없었는지 돌아보기	☐
수요일	지도자님께 질문하기 – "이 훈련, 어떤 의미인가요?"	☐
목요일	SNS에서 스포츠 인권 관련 콘텐츠 공유하기	☐
금요일	훈련 전 몸 상태와 기분 체크하기	☐

→ **주말 점검:**

▌항목: 4개 / 총 5개 → 이번 주 실천율 80%

다음 주 목표: 질문하기를 꼭 실천하자! 이처럼 기록은 단순한 추억이 아니라 **변화를 지속시키는 가장 확실한 방법**이 된다.

3. 작은 변화가 만드는 큰 영향

사람들은 가끔 묻는다. "내가 하나 바꾼다고 뭐가 달라져?"
그 질문에 답하고 싶은 사례가 있다.

▶ 사례 1: 한 초등학생의 "깍두기 안 하기" 캠페인

서울의 한 초등학교 5학년 학생이 "우리 반 축구할 때 깍두기 만들지 말자"는 포스터를 만들었다. 그 결과 체육 시간 분위기가 달라졌고, 다른 반에도 '인권 체육 캠페인'이 확산되었다.

▶ 사례 2: 학부모 10명의 자율 감시단

경기장 응원 중 욕설과 편파 응원 대신 '공정 응원 가이드'를 나눠주는 자율 감시단이 만들어졌다. 지속되자 경기장 내 불필요한 소란이 현저히 줄었다. 이러한 변화는 **법이 아니라 사람의 감각**에서 비롯된다. 그리고 그 시작은 늘 "나 하나"였다.

"나는 선수는 아니지만, 이 경기장 안에서 행동할 수 있는 사람이다."
지금 이 순간, 당신의 실천이 누군가에게 운동장을 다시 걷게 할 것이다.

제16장. 함께 만드는 인권 친화적 운동장

1. 학교와 지역사회에서의 실천 사례

인권 친화적 운동장이란 무엇일까? 그것은 단지 '폭력이 없는 공간'을 넘어서 모두가 참여할 수 있고, 존중받고, 자신의 속도로 성장할 수 있는 공간이다. 그 운동장은 지도자 혼자 만들 수 없다. 아이들과, 학부모들과, 지역과 학교가 함께 만들어야 한다. 다음은 실제로 인권 운동장을 만들고 있는 곳들의 이야기다.

▶ 사례 1. 인천 ○○초등학교 - '모두의 체육대회'

이 학교는 전통적인 줄다리기, 이어달리기를 대신해 **협동 놀이 중심의 체육대회**를 만들었다.

- 승부보다는 '참여 포인트' 제도 도입
- 장애학생과 비장애학생이 한 팀으로 구성
- 가족 참여 프로그램 '부모-아이 짝꿍 달리기' 운영

"처음으로 운동회에 나가고 싶었어요." - 휠체어를 탄 5학년 학생

이 프로그램은 학생 만족도 93%, 폭력·사고 0건의 결과를 기록하며 지역 내 모델 사례로 소개되었다.

▶ 사례 2. 경북 ○○중학교 – '인권코치 양성 캠프'

매년 여름, 학교 운동부 학생과 지도자가 함께 '스포츠 인권 감수성 캠프'를 진행한다.

- 실제 폭력 피해 사례 재현 후 토론
- 훈련 중 "이건 인권 침해일까?" 퀴즈
- 지도자-선수 서로의 다이어리 교환

"감독님이 내 마음을 처음으로 적어봤대요." - 캠프 참가 중2 럭비부 학생

이 캠프는 참여한 지도자들의 '훈련 언행 자각도'를 전년도 대비 65% 향상시키는 효과를 냈다.

▶ 사례 3. 부산 ○○구 – '학교 밖 스포츠교실'

지역 체육회와 복지관이 협력하여 **탈락 선수, 미등록 학생, 장애 아동 등 소외 계층**이 자유롭게 참여할 수 있는 스포츠 교실을 개설했다.

- 출석, 성적 기준 없음
- 스포츠 심리 전문가 정기 방문
- 학부모 대상 '존중의 언어 사용법' 워크숍 병행

"여기선 이기지 않아도 계속 올 수 있어요." - 농구반 중도 포기 경험자

이곳은 인권교육+체육활동이 결합된 '다시 시작할 수 있는 운동장'으로 자리 잡았다.

2. 프로그램 기획과 운영 방법

인권 친화적 스포츠 프로그램은 다음과 같은 핵심 원칙을 지켜야 한다.

프로그램 기획 3원칙

항목	내용
1. 참여	누가 빠지고 있지 않은가? (성별, 능력, 경제상태 등)
2. 존중	승패보다 과정에 대한 피드백이 있는가?
3. 자율	억지로 시키는 건 없는가? 스스로 선택하고 있는가?

기획 체크리스트 예시 □
□ 참가자 구성의 다양성을 고려했는가?
□ 활동 중 자유롭게 쉴 수 있는 시간이 있는가?
□ 평가 기준이 실력 중심으로 편중되어 있지 않은가?
□ 정서적 안전을 보장할 코치·보조교사는 준비되어 있는가?

운영 방식 예시: '1주 1공감 카드'

모든 학생은 훈련이 끝나고 하루에 한 번, 팀원에게 '공감 메시지 카드'를 쓴다.

- "오늘 네가 나에게 이렇게 해줘서 고마워."
- "오늘 너와 같은 팀이어서 좋았어."

→ 공감력과 협동심이 향상되며, 학교폭력 사전예방 효과도 보고됨.

3. 공동체의 참여와 협력 방안

인권 친화적 운동장은 **혼자 만들 수 없다.** 아이, 부모, 지도자, 행정가, 지자체 모두가 '운동장 공동체'의 일원으로 함께해야 한다.

▌ 협력 주체별 역할

주체	역할
학교	체육 교육과정에 인권 감수성 포함, 교육기회 제공
학부모	과정 중심 응원문화 조성, 인권 침해 시 대응 요청
지자체	예산 지원, 인권 기반 스포츠 프로그램 기획 지원
학생	서로 존중하는 언어 사용, 배제 방지 행동 실천
지도자	훈련 중 언행 점검, 소통 중심 지도법 도입

특히 **지자체와 교육청 간 연계 사업**이 확대되어야 한다.

예:
- '인권운동장 시범학교' 지정
- '존중 리그' 운영 지자체 인증제
- '함께 뛰는 토요일 체육캠프' 등

"운동장은 사람이 자라는 공간이다. 그 공간이 안전하고 따뜻해야, 아이도, 어른도, 함께 달릴 수 있다."

에필로그 - 다시, 나의 운동장을 걷다

　운동장은 늘 그 자리에 있었다. 누군가는 두려워하며 걸었고, 누군가는 꿈을 품고 달렸다. 어린 시절, 나는 운동화 끈을 조심스럽게 조이고 운동장에 섰다.
그곳은 누구에게나 열려 있는 듯했지만, 사실은 그렇지 않았다. 때로는 보이지 않는 벽이 있었고, 때로는 소리 없는 외면이 있었다.
　몸 보다 마음이 먼저 넘어지던 순간들. 그 순간들을 지나, 나는 이제야 묻는다. 운동장은 누구의 것인가. 운동장은 누구를 위해 존재해야 하는가, 스포츠는 승패를 넘어서는 곳이어야 한다.
　인권을 지키는 가장 역동적인 현장이어야 한다. 그리고 모든 사람이, 어떤 모습이든, 스스로를 증명하지 않고도 당당히 설 수 있는 공간이어야 한다.
책을 다 읽은 지금, 나는 조심스럽게 마지막 질문을 당신에게 남긴다.

"당신이 만드는 운동장은 어떤 모습인가요?"

당신의 운동장이 차별 없이, 폭력 없이, 웃음과 신뢰와 존중으로 가득한 곳이기를. 그리고 그 운동장에서, 또 다른 누군가가 꿈을 꾸기를 나는 믿는다.

당신이 걷기 시작한 그 작은 발걸음이, 세상을 조금 더 따뜻한 곳으로 이끌어줄 것이라는 것을 말이다.

부록 I.

▎ 스포츠인권 헌장: 스토리와 함께 읽는 조항 해설

스포츠인권 헌장은 단순한 규범이 아니다. 그것은 운동장에서 일어나는 작은 사건 하나하나에 대해, '어떻게 해야 인간답게 할 수 있을까'를 묻는 기준이다.
여기, 각각의 조항을 작은 이야기와 함께 풀어본다.

제1조 - 모든 사람은 스포츠에 참여할 권리를 가진다.

- 초등학교 운동회에서, 휠체어를 탄 아이가 처음으로 친구들과 함께 달리기 시합에 나섰다. 그날, 그는 비로소 운동장의 한가운데에 있었다.

제2조 - 누구도 차별받지 않는다.

- 여자아이 하나뿐인 축구부. "여자는 골키퍼만 해"라는 말을 넘어서, 그 아이는 팀의 주장이 되었다.

제3조 - 존엄성과 인격이 존중받아야 한다.

- 코치는 선수에게 소리를 지르지 않았다. 대신 그는 무릎을 굽혀 눈높이를 맞추고 말했다. "너는 네 방식대로 성장할 거야."

제4조 - 안전하고 건강한 스포츠 환경이 보장되어야 한다.

- 한 아이가 무릎을 다쳤다. 훈련은 멈추고, 모두가 아이의 곁을 지켰다.

"네 건강이 먼저야."

제5조 - 휴식과 회복은 권리다.

- 경기 일정 사이, 감독은 말했다. "쉬는 것도 훈련의 일부야." 아이들은 환하게 웃었다.

제6조 - 부당한 처벌이나 폭력은 금지된다.

- 누구도 소리 지르지 않았고, 누구도 맞지 않았다.
- 경기력은 떨어지지 않았고, 오히려 팀워크는 더 단단해졌다.

제7조 - 교육받을 권리와 은퇴 후 삶을 준비할 권리가 보장된다.

- 운동만 하던 아이가 수업에서 첫 발표를 했다.
- 그 아이는 은퇴 이후에도, 세상에서 자신 있게 설 것이다.

▌ 스포츠인권 체크리스트 (학생용/학부모용/지도자용)

☐ 학생용
나는 내 의지로 운동에 참여하고 있나요?
실수해도 나를 탓하지 않나요?
운동장에서 모두가 함께 뛸 수 있도록 돕고 있나요?

☐ 학부모용
우리 아이가 쉬고 싶을 때 존중해주고 있나요?
결과 중심이 아니라 과정 중심의 응원을 하고 있나요?
아이의 체육 환경에서 인권 침해 요소는 없는지 살펴봤나요?

☐ 지도자용
오늘 내가 한 말 중, 상처가 될 수 있는 표현은 없었나요?
모든 아이에게 균등한 기회를 주었나요?
쉴 수 있는 권리를 인정했나요?

부록 II. 스포츠와 인권, 함께 나누는 수업

1. 교사/지도자용 교육안 구성 예시
   학교 체육 수업, 방과후 교실, 지역 스포츠센터에서도 적용 가능

▎수업주제: "운동장 속 인권을 찾아라!"

- **대상:** 초등 고학년~중학생
- **시간:** 40~50분
- **목표:** 스포츠 현장에서 발생할 수 있는 인권 문제를 인식하고, 해결 방안을 모색한다.

▎수업 구성안

단계	활동 내용	도구
도입	나의 스포츠 경험 나누기	질문카드
전개1	'어떤 장면이 문제일까?'(상황극 or 영상 시청)	사례영상 or 연극
전개2	문제 상황 해결을 위한 역할극	역할카드
정리	'내가 만드는 인권운동장' 포스터 작성	A4지, 색연필

→ 결과물은 교실/체육관에 전시하여 '선언'으로 확장가능

2. 독서토론/에세이 주제 제안

▌ 독서 후 토론 주제

- "스포츠에서 공정하다는 것은 무엇일까?"
- "운동장에서의 농담은 언제 폭력이 될까?"
- "지금 내가 뛸 수 있는 운동장은 얼마나 안전한가?"

▌ 에세이 주제

- "내가 경험한 운동장 속의 차별"
- "함께 뛰기 위한 나의 규칙 만들기"
- "감독님, 이렇게 훈련해주세요 - 내가 바라는 지도자"

3. 학교 발표·포스터 만들기 활동 아이디어

▌ 발표주제

- '인권 친화적 체육수업 디자인하기'
- '우리 학교 운동장 인권진단 리포트'
- '스포츠를 통해 평화를 만드는 방법'

▌ 포스터 주제

- "운동장, 누구의 공간인가요?"
- "폭력이 사라지면 더 빨리 달릴 수 있어요"
- "쉬는 것도 훈련입니다"
→ 학급 내 전시 + 학교 행사 연계 활용 가능

4. '나만의 운동장 그리기' 프로젝트 소개

이 활동은 학생들이 스스로 생각하는 '이상적인 스포츠 공간'을 자유롭게 상상하고 그려보는 창의적 활동이다.

▍활동 방식

- A3 도화지에 '내가 바라는 운동장'을 그리고,
- 왜 그런 요소들을 넣었는지 발표하도록 구성

▍안내 질문 예시

- 당신의 운동장은 어떤 재료로 만들어졌나요?
- 누구와 함께 뛰고 싶은가요?
- 어떤 규칙이 있나요? 벌칙은 존재하나요?
- → **학생들의 인권 감수성을 시각화하는 매우 강력한 도구**로 활용 가능

참고문헌

1. 김동규. (2018). 스포츠 상업화와 윤리적 쟁점. 서울: 태영출판사.
2. 김성태, 정진경. (2018). 스포츠윤리학. 서울: 대한미디어.
3. 김혜숙. (2017). 스포츠와 젠더: 여성과 남성의 스포츠 문화 탐색. 서울: 무지개출판사.
4. 대한체육회. (2021). 스포츠 인권 가이드라인. 서울: 대한체육회 스포츠윤리센터.
5. 대한체육회. (2023). 스포츠 리더십 윤리 헌장. 서울: 대한체육회.
6. 서정교. (2017). 스포츠와 윤리: 공정성, 인권, 정의를 중심으로. 서울: 진샘출판사.
7. 박지은. (2019). 체육수업에서의 인권 교육 적용 방안. 서울교육연구소.
8. 문체부·교육부. (2021). 학생선수 인권보호를 위한 정책 보고서. 서울: 문체부 출판자료실.
9. 스포츠윤리센터. (2022). 스포츠 인권 실태조사 보고서. 서울: 스포츠윤리센터.
10. 송정은. (2020). 스포츠와 지속가능성: 기후위기 시대의 체육정책. 경기: 평화와출판사.
11. 이수연. (2021). 장애인 스포츠와 통합교육의 실제. 대구: 누리출판사.
12. 김민서. (2020). 유소년 스포츠와 사회적 포용성. 서울: 한국체육연구원.
13. IOC. (2017). IOC Strategic Framework on Human Rights. Lausanne: International Olympic Committee.
14. UNESCO. (2020). Quality Physical Education Guidelines. Paris: UNESCO.
15. UN. (2015). Sport for Development and Peace: Towards Achieving the SDGs. New York: United Nations.
16. EU Council of Europe. (2021). European Sports Charter. Strasbourg: Council of Europe.
17. NCAA. (2020). Student-Athlete Well-Being Study. Indiana: NCAA Research Division.
18. Canadian Sport for Life. (2019). Inclusive Physical Literacy Guide. Ottawa: CS4L.
19. Japan Sports Agency. (2021). Sport Basic Plan Phase 2. Tokyo: MEXT.
20. 공정한 스포츠 문화 조성을 위한 전국체전 특별기획팀. (2022). 청소년 체육 현장의 인권 실천 가이드북. 서울: 교육청 출판부.